The Endless Strategy

Jun Mizutani

卓球王 水谷隼

終わりなき戦略

勝つための根拠と
負ける理由

水谷隼

リオ五輪メダリスト・
全日本選手権前人未到の10度優勝

卓球王国

オリンピックでは自分もほかの選手も含めて、
あり得ないような良いプレーもできるが、
あり得ないようなミスも出てくる。
五輪には選手を縛り付ける独特の雰囲気がある

2016年リオ五輪・男子シングルス準決勝　対馬龍

常にリスクを恐れずに
プレーするということは、
成功体験に酔いしれることではなく、
いったんその体験を忘れ、
新たに挑戦するということなのだ

自分がやりやすい、
自分の気持ち良いプレーをすることが、
イコール試合で勝てることではない。
それは卓球が対人競技だからだ

2016年リオ五輪

2016年リオ五輪

アンラッキーなポイントが続いたら
我慢するしかない。

試合を投げ出したら完全に負けるが、

「これは自分が試されているんだな」

と考えて我慢するしかない

女子のスター選手にテレビや一般のマスコミも注目していた。
テレビは試合結果ではなく視聴率至上主義だから、
「今に見てろ」と思っていた。
日本男子が挽回できるチャンスは、
オリンピックしかないなと思っていた

2016年リオ五輪・男子シングルス表彰式　銅メダル獲得（日本初）

Ω OMEGA
GAME 5

選手というのは競り合いになると
癖が出るものだから、
今までの対戦での戦い方を
記憶しておくことが大切になる

なぜ日本男子が海外に行かなくなったのか。
ハングリーなプロ選手はぬるま湯には浸からないものだ

2016年リオ五輪・男子団体表彰式　銀メダル獲得

卓球というスポーツは究極の対人競技だと思う。
274㎝という卓球台を挟んで打ち合う球技だが、
この距離だと相手の表情も指の動きもすべてが見える

2019年1月全日本選手権大会

私は天才では
ないけれども、
才能を開花させる方法を
知っていたとは思う

本物のプロに
なりたいのなら、
日本を飛び出す
べきだと思う

2019年1月全日本選手権大会
10度目の優勝を達成

目次

装丁デザイン　若菜健
カバー写真　江藤義典

まえがきに代えて——水谷隼という曲がりくねった男が吐き出す本

　こちらが右と言えば左に動き、「Aがいいでしょ？」と言えばBを選ぶような男、それが水谷隼だ。2001年の夏、日本卓球協会がコーチとして招聘《しょうへい》したマリオ・アミズィッチが、青森山田で日本の有望な子どもたちを集めて合宿をした。その中に小学6年生の水谷がいた。当時からマリオは水谷のセンスを絶賛していた。それから2年後、水谷とはドイツで会うことになる。快活ではなく、ちょっとすねたような雰囲気は今も変わっていない。

　2016年のリオ五輪前の2月、水谷隼を自宅まで送っていく、車の中での会話。『負ける人は無駄な練習をする』（水谷隼著）を書き上げ、最終チェックが終わった頃だった。「これでだいぶ自分の考えを文字にできた感じがするでしょ？」と聞くと、「何言ってるんですか。まだぼくの考えの半分くらいですよ」とニコリともせずに彼は言ってきた。

　それから4年経ち、3冊目の書籍が完成した。新型コロナウイルスの感染拡大で東京五輪が延期となり、練習場などが閉鎖されなければ、この一冊を作り上げることはできなかっただろう。しかし、卓球の神様は、彼に自身の考えを書き記す時間を与えた。4月13日から始まった執筆は、3カ月間に及んだ。その間、我々は毎週のようにオンラインで対話を重ねた。

「ある指導者から『水谷の卓球の哲学とは何か』という質問が来ている」とぶつけると、「ぼくの哲学は、自分の限界まで練習をやらないこと」という答えが返ってきた。「卓球の哲学とは日々自分の限界に挑戦すること」などというありきたりの答えは彼の頭の中にはない。

全日本選手権で13回連続で決勝に進出し、そのうち10回の優勝を誇る水谷隼という男は、すべてにひと筋縄ではいかないアスリートだ。

「自分がいたから2008年から日本は世界選手権の団体メダルを獲得できた。いなかったらベスト8に入るのも難しかった」と言い切る。「リオ五輪だって、ぼくがいたからメダルを獲れた」と言われれば、そのとおりだ。彼がいなければ、リオ五輪での男子の2個のメダルは存在しなかった。このうえなく不遜な態度にも映るし、日本人が好む謙虚な言動を持たない。

卓球王だからこそ、口に出せる言葉であり、それはテレビの前での優等生的なコメントを残す水谷隼とは違う。どちらが虚像なのかといえば、画面の向こうでややぎこちない笑顔を見せながら、言葉を発する姿が虚像に決まっている。聞き分けが良い、素直な男が13回も全日本選手権の決勝に行けるわけもなく、世界のトップ選手と心理的な駆け引きをできない男が、五輪でメダルを獲れるわけなどないのだから。

水谷の26年間の卓球人生を振り返るような「卓球戦略論」を作り上げたかった。いまだ、この男の曲がりくねった思考の複雑さと奥深さに戸惑うことが少なくない。この一冊で水谷隼という選手のどれほどの真実を引き出すことができたのだろうか。

２０２０年7月　卓球王国発行人・編集人　今野　昇

第1章

プレースタイルは変化する

1-1

時代によって戦術、技術、練習は変化していく。

ミスをしない小学校時代の守備的なスタイルから、徐々に攻撃的なスタイルに変えた

卓球では選手それぞれのプレースタイルがある。それを「戦型」と言うこともある。卓球ほどプレースタイルが多種多様なスポーツはないと思う。サッカーでは自分に与えられるポジションがあり、バドミントンでも、テニスでも、選手によって極端にプレースタイルが違うようには見えない。卓球に近いテニスでも、サービスを出したら、3球目攻撃のようにすぐにボレーする人は多くはいないだろう。グラウンドストロークで打ちながら、時折ボレーをする程度だろう。

ところが、卓球では攻撃選手もいれば、少なくなったとは言え、カットマンのような守備的な選手もいて、中には世界で活躍するカットマンもいる。前陣で速攻を得意とする選手もいれば、中陣からのラリー戦を得意とする選手もいる。しかも、そのプレースタイルは選手の身体的特徴や、性格、そして用具などによって多様な面を見せるのが卓球という競技だ。この多様なプレー

小学生時代の筆者。「ぼくの年代では日本で一番練習していた」と語る。
徹底してミスをしない卓球だったが、その後、ドイツに渡り、アグレッシブな卓球に変わっていく

スタイルが卓球の奥深さであり、醍醐味《だいごみ》でもある。

特に、勝負どころでのプレーというのは、その人の特徴や性格が出る。卓球ほど競《せ》り合いに強い人、競り合いでビビる人がわかりやすく出るスポーツはない。それは卓球が繊細《せんさい》なスポーツであり、速いラリーの応酬があるので、ちょっとした心理面の動揺が直接プレーに影響を与えるからだ。

自分自身のことを振り返ってみよう。

私は小学生の頃はミスをしない守り重視のプレースタイルだった。あまり自分から積極的に攻撃を仕掛けるタイプではなかった。中学2年でドイツに渡ってからは、まだ守備的ではあったけれども、少しドライブをかけてバックハンドを打つようになり、バランス良く両ハンドを使うプレースタイ

ルになっていった。

中学2年でドイツに行った頃は、まだ体が小さく細くて、フォアハンドで威力を出したくても、実際にはパワーボールは打てなかった。コーチだったマリオ・アミズィッチ（クロアチア）にも「ジュン、君はホビープレーヤーのような弾まないラケットを使っているな。もっと攻撃的なラケットを使いなさい」と言われ、ラケットも変え、徐々に攻撃的なスタイルに変えていった。

選手というのは、長い選手生活の中では、技術面は毎年のように大きく変わっていくのだが、精神面の特徴というのは、幼い頃の特徴が大人になってもそのまま出てしまう。

プレースタイルというのは、その時の指導者の影響が大きく出る。指導者がどういうプレースタイルを目指しているのか、そのためにどういう技術練習をしているのか、そのためにどういうトレーニングをしているのかで、選手のプレースタイルは相当変わるものだ。

才能ある選手でもそうでない選手でも、指導者によってプレースタイルは大きく変わる。正しい方向性のプレースタイルは、正しい眼力と指導力を持ったコーチによって作られる。

私は、ドイツに行くと同時に青森山田中に転入している。プレースタイルも高校を卒業するまではフォアハンド主体のプレースタイルだった。練習でも、吉田安夫先生（故人）に「バックハンドを打たないでフォアハンドを打ちなさい」とアドバイスされた。

当時は世界的にもバックハンドで決定打を打つ選手は少なかった。2000年代初頭なので、世界で強かったのは王励勤《ワン・リチン》、馬琳《マ・リン》、王皓《ワン・ハオ》（いずれも中国）など、フォアハンドで決定打を打つ選手ばかりだった。また、中国のナショナルチームがやっている練習を青森山田もやっていて、それがフォアハンド主体の練習メニューだった。

つまり、その時代に応じて、勝つための方程式があり、それに合わせた練習メニューになる。また、当時はスピードグルー（揮発性有機溶剤を含む接着剤）があり、今よりもボールの威力を出せたので、どうしてもフォアハンドで決めようとしていた。

2008年頃まではそういう時代だった。サービスを出す、相手はストップレシーブ、3球目でダブルストップ、次に相手が長く入れてきたボールを回り込んで攻める、というのが定石《じょうせき》だった。私自身はその後、攻撃的なバックハンドやカウンターを習得して、リオ五輪でひとつの完成型を見たことになる。

私が2003年にドイツに渡った当時、日本のシェークハンドの選手は世界で勝てないという声もあった。そうした話題が日本の指導者の中で話し合われたと聞いたことがある。

2000年くらいまでの日本の卓球は、ペン表ソフト攻撃やカットマンでないと世界で勝てないと言われていた。日本のシェークハンドはパワーでヨーロッパに勝てない、中国に勝てないと。しかし、卓球というスポーツはミスをしなければ勝ちなのである。いくらヨーロッパの選手にパワーで勝てなくても、彼らよりミスがなく、相手より1本多く返せば勝てるのだ。

私自身は昔も今も「ミスをしない」ことをモットーにしている。ただし、リオ五輪前から受け身の守りではなく、台に近い位置での守りを意識するようになっている。

中学生の時に、全日本選手権（2004年1月）で当時日本代表の田﨑俊雄さんに勝った試合も、前中陣でのブロックや両ハンドでの回転をかけたしのぎで勝った。守備的なプレーで勝ったわけではなく、ロビングでしのいで勝ったわけでもなく、積極的な守備をしながらミスを減らして勝った。他の選手よりはしのげるし、ブロックもできるから守備的に見えただけで、実際には守っていても最後は攻撃して得点していることが多かったと思う。

その国や指導者によって、選手のプレースタイルは違うだろう。ただ言えるのは、日本であろうとヨーロッパや中国であろうと、最後は「ミスをせずに相手より1本多く返す」人が勝者になる。「日本人だからこういうプレースタイルにしなければいけない」という議論はナンセンスだ。

1-2

衝撃だった2011年の張継科の優勝。

台上バックドライブとＹＧサービス。世界の卓球が一変した

２０１１年世界選手権ロッテルダム大会の男子シングルスで張継科《チャン・ジィカ》（中国）が優勝した。彼の優勝で世界の卓球が一気に変わった。あれは衝撃だった。私自身、彼の※チキータと言われる独特の台上バックドライブと※ＹＧサービスに大きく影響を受けた。

実はそれまでも王皓が台上バックドライブを使っていた。しかし、それはペンホルダーの裏面《うらめん》打法だからできるんだ、と私も思っていた。２００９年世界選手権横浜大会では王励勤と王皓が決勝で戦い、王皓が優勝したけれど、選手たちは王皓からそこまでの影響は受けなかった。

それ以前にも、日本やヨーロッパの若い選手たちはチキータそのものは使っていた。もともとはコルベル（チェコ）の影響で、中国選手の影響ではなかった。

ところが、２０１１年に世界選手権で優勝した時の張継科のチキータは恐ろしいほどの回転

※チキータ：台上でのバックハンド技術のひとつ。
相手のサービスに対してボールの横や横上をとらえてドライブ球にして返す技術。
英語では「バナナ」とも称される。

力だった。あれはもはやチキータのレベルではない。台上ドライブ強打というべき強力な武器だった。当時の用具では対応できないくらいの威力があった。ブロックしようとしてラケットをかぶせると回転がかかりすぎているために、滑《すべ》ってボトンと落ちてしまうようなボールだった。あの台上ドライブはつなぎのボールではなく、決定打と言えるレベルのボールであり、相手としては思い切り打たれたら返せないボールだった。

私もそれまでチキータは使っていたが、張継科の登場によって、チキータにより積極的に取り組むようになった。それまでは台上のバックハンドはフリックが中心だったが、その頃からは少しドライブをかけるようにした。

張継科が他の選手に影響を与えたのは、台上ドライブだけではない。YGサービスも同様だ。それまでも選手たちはYGサービスを使っていたが、それはメインのサービスではなかった。張継科が優勝して以降、YGサービスをメインにする選手が増えてきた。

張継科は私より1歳上の同世代なので、それまでも試合で何度も対戦していた。ジュニア時代は、サービスは順回転系を使っていたし、台上でのドライブも使っていなかった。

2008年に中国の超級リーグに行った時も張継科は普通のスタイルの選手で、成績もたいして残していなかった。その時は2回対戦して2勝した。2010年のモスクワでの世界選手権団体戦にも起用されたが、強い印象はさほどない。その後、急に強くなった印象がある。

2011年の世界選手権ロッテルダム大会で張継科が優勝し、その年のワールドカップで王

※YGサービス：1990年代、当時のヨーロッパのシュラガー（オーストリア）などの若手（ヤング・ジェネレーション＝YG）が使い始めた、順回転ではない逆横回転系のサービス

2011・2013年世界選手権、2012年ロンドン五輪で優勝した張継科。
長くチャンピオンとして君臨したわけではないが、一気に世界の卓球の技術を変えた

皓にも勝ち、2012年ロンドン五輪でも優勝し、2013年世界選手権パリ大会でも優勝した。短いけれど、この期間が「張継科時代」であり、世界の卓球の流れを変えた。

張継科はそれまでの「自己のスタイル」に強烈なチキータとYGサービスを加え、世界の頂点に一気に上り詰め、世界の卓球スタイルを変えた男である。

一般的に、その時代の技術的な潮流《ちょうりゅう》やルール変更とプレースタイルの変化には用具が関係している。2008年にはスピードグルーが禁止になり、2014年にはセルロイドボールからプラスチックボールに変わっている。

私の場合、そうした用具の変化に応じてプレースタイルが変わるのではなく、まず自分がやりたいプレーがあり、そのやりたい戦術や技術に応じて用具が変わっていくことが多い。用具や打ち方には時間を割《さ》いて順応していくしかない。

たとえば、ラケットを木材の合板からカーボンのものに変えるとなったら影響は大きく、プレースタイルが変わる。木材合板だと自分も打ちやすいが相手も取りやすい。必然的にラリーが長くなる。カーボンは威力が出て自分も扱いにくいけれど、相手も取りにくいボールが出る。扱いにくい部分は自分の腕でカバーするしかない。

また、競り合いになると、その選手の特徴的なプレースタイルが表に出るものだ。私の場合は、相手に応じてプレースタイルを変えることに努めている。「自分のスタイルはこれだから、このやり方で負けたらしかたない」という人は、例外なく敗者になる。卓球は自分の披露したパフォーマンスを誰かが採点してくれる競技ではない。対人競技では、相手が変われば自分の得点方法も変えなければいけない。

たとえば、相手の性格によって競り合いになった時のプレーも違ってくる。勝負どころで必ず自分から攻めてくる選手だったら、しっかり守って、相手のミスを誘うことで勝利を掴《つか》むことができる。

相手がオフチャロフ（ドイツ）だったら、競った場面ではチキータをしてくるので、チキータをさせないサービスを出すことに集中する。「自分のプレースタイルはこれだから、競り合いになったら、これをやります」という形ではなく、相手の性格、プレーの特徴、競り合った時の傾向を頭に入れておいて、相手に合わせて自分のやることを自在に変えていく。

卓球は記録を競い合う競技ではない。対人競技なのだから、「自分のやりたいこと＝勝つためのやり方」ではない。「勝つためのやり方＝相手の得意を封じるやり方」なのである。

1-3

張継科のチキータは「つなぎ」ではなく、決定打。

レシーブミスを重ねても、最後にはチキータが入ってくる

張継科が2011年に世界チャンピオンになる以前もYGサービスを出す選手はいたが、それはメインのサービスではなかった。仮に使っていても、ただ当てて出すだけの、目先を変えるためのサービスであり、張継科のようにブツ切れのYGサービスを使う選手はいなかった。

張継科はジュニア時代からバックは普通に振るけれども、最後はフォアで決めるようなスタイルだった。世界チャンピオンになった頃のようにバックハンドをガンガン振る選手ではなかった。

YGサービスを出すと、3球目はフォアハンドで攻めにくい。なぜなら右利きのYGサービスは左横回転が入ってくるので、ボールはサーバーから見たら左に曲がっていく。このサービスに対して相手のレシーブはバックに来ることが多いので、それをフォアで回り込んで狙うよりは、バックドライブで先手を取り、5球目もバックドライブで攻める。YGサービスからの展開は、

当てるだけのYGサービスではなく、回転量の多い張継科のYGサービス

バックドライブ連打がやりやすい。

2010年のワールドカップの準決勝で張継科と対戦した時は、3－0でリードし、4ゲーム目を9本で落とし、ゲームカウント3－2の6ゲーム目は2度マッチポイントを握りながら、逆転されて負けた苦い経験がある。ただし、あれだけYGサービスが得意な選手だったのに、私に対してはあまりYGサービスを使ってこなかった。それは私の作戦でもあった。

私は彼のYGサービスは回転量がすごいので出されるのは嫌だった。だからこそ、彼の1本目のYGサービスに全神経を注ぎ、レシーブをピタッと短く止めた。そうすると、彼は効果がないと思って、私に対してYGサービスをあまり出さなかった。

張継科は左利きに対してYGサービス

を出さないわけではない。彼はボル（ドイツ）に対してはYGサービスを使っていた。いずれにしても、そのワールドカップから、半年後の世界選手権ロッテルダム大会までの間に、張継科は覚醒《かくせい》した。YGサービスといい、チキータといい、さらにレベルアップしていたのだ。

ワールドカップの時にはショートサービスを出すと、張継科はほぼ全部のレシーブでチキータをしてきた。しかしその当時、私はサービスが良くて、彼との試合の時には20本以上はサービスで得点できていた。3－0でゲームをリードした時も、各ゲームで4本ずつくらいサービスエースを取っていた。それでも彼はレシーブを変えないで、ミスをしてもチキータをしてきた。ミスが出ていてもチキータに自信があったのだろう。実際に、3、4ゲーム目までミスが多かったのに、最後のほうはそのチキータが入るようになり、逆転された。しかも、そのチキータは入ったらこちらが取れないほどの威力があった。

あの台上ドライブはチキータと呼べるのだろうか。もともとチキータというのは、ボールの横をとらえて、曲げながら相手コートに入れる技術だけれども、張継科のそれはボールの真上をとらえて打つドライブにしか見えない。しかし、相手をしてみると、わずかに横回転は入っている。それが強烈な回転とスピードで飛んでくるのだ。つなぎの台上技術というより、決定打に近いチキータなのだ。

1-4 カリスマ性があり、話題を振りまいた張継科。

彼と試合をする時にはトスでサービスを選び、ゲームの終盤にレシーブが来る順番にした

張継科は海外選手と競り合うことが多いけれども、同士討ちで強い印象がある。2010年のワールドカップでは決勝で王皓に負けているが、その後は、王皓に3連勝している。

基本的にシェークとペンでグリップは違っても王皓も似たようなスタイルだった。張継科は華《はな》があるスタイルで、みんなが真似したくなるようなスタイルだった。後輩の樊振東《ファン・ジェンドン》（中国）も同じようなスタイルになっている。

オフチャロフも影響を受けて、チキータを多用するようになっていた。張継科はYGサービスとチキータで直接得点を狙っていた。彼のYGサービスは鋭く、切れている。下回転も横下回転も強烈な回転で、当てて出すだけのYGサービスではない。特に下回転と横下回転の判断が難しく、回転量が多いのでストップしても長く出てしまう。

卓球というスポーツは、サービスを出すほうが有利というのが定説だった。ところが、張継科、王皓、オフチャロフというチキータがうまい選手に対しては、私はトスでサービスを選択した。それまでは9−9でサービスを持ちたいから、トスでレシーブを選んでいたが、ある時期から、チキータのうまい選手に対してはトスでサービスを選ぶようになり、9−9で自分がレシーブになるようにした。つまり、それだけ相手のチキータが脅威となったのだ。

チャンピオンになってからの張継科はカリスマ性があった。優勝した瞬間にウエアを引きちぎったり、タトゥーを入れたり、フェンスを蹴破《けやぶ》ったり、注目の集まる場面で話題を呼ぶようなアクションを起こした。フェンスを破壊した時には優勝賞金を没収されたほどだ。

「良い子は張継科のマネをしないようにね」という流れだったが、彼がチャンピオンになった頃から、中国の卓球選手はアイドルのような扱いとなり、選手の追っかけが現れ、熱烈なファンが大会に同行するようになった。

カリスマ性のあった張継科。優勝した後のアクションでも注目を集めた
（写真は2011年の世界選手権ロッテルダム大会）

1-5

ボールによって用具が変わり、プレーが変わった。

今はバックサイドに来たボールはできるだけフォアではなく、バックハンドで返したい

私は2016年リオ五輪の前、2013年から邱建新《チウ・ジェンシン》コーチに指導を受け、2012年のロンドン五輪の時とはプレースタイルが変わった。2014年1月の全日本選手権はバックハンドが良くて、町飛鳥との決勝では理想的な卓球ができた。邱さんから指導を受けて4カ月くらい経《た》っており、バックハンドを多めに使いながら、決める時にはフォアハンドで狙うような卓球だった。バランスも良く、その2年後のリオ五輪の時にはひとつの理想形のプレースタイルを実現できた。

その頃、メインでやっていた練習は、相手がチキータ、もしくはフォア前からフリックしてきたボールをバックハンドのカウンターで狙う練習だった。リオ五輪では、それがはまっていた。また自分がバックハンドを打てるようになってから、有利なラリー展開になることが多かった。

当時はフィジカル（体力面）も鍛えていたので、逆を突かれてもフォアハンドで攻めることができた。

今はバックサイドに来たボールはできるだけフォアハンドではなく、バックハンドで返したい。ボールの材質がプラスチックに変わったので、バックに来たボールをフォアハンドで回り込むと、次にフォアへ振られた時に追いつけないからだ。

以前は回り込んでゆっくりフォアドライブを打球して時間稼ぎができたが、今はそういう打球に対して、相手は速いカウンタードライブを打ってくるので、この戦術は使えない。これは現在のプラスチックボールになってからの変化だ。さらに最近はボールが硬くなってきているので、相手はブロックではなくカウンターを打ってくるようになり、ラリーが前よりも速くなっている。

２０１４年にセルロイドボールからプラスチックボールになって、最初はいびつなボールが多かったが、今は品質も安定してきている。ボールによって用具が変わり、それはプレースタイルに影響を与えた。ボールの回転量が減り、ボールがブレなくなり、イレギュラーもしない。以前は、強い回転をかけると、ナチュラルにボールが変化したり、イレギュラーバウンドしたので、それで得点していた。ところが現在のプラスチックボールになってから、「カウンターしてこない」と思っているボールが相手にカウンターされる。それによって、自分の計算式が完全に狂ってくる。その計算の狂いに慣れるのに時間がかかった。

今は相手にバックハンドで簡単にカウンターを打たれてしまうが、それは20年以上卓球をやっ

リオ五輪以降にバックハンドが良くなり、成績も安定した許昕

てきて、経験したことのない事態だ。それに対応できるようにして、自分もバックハンドでカウンターできるようにしなければいけない。

許昕《シュ・シン》（中国）も一時成績が伸び悩んでいたが、ここ数年でバックハンドが良くなっている。リオ五輪の時には許昕は1本バックを打たせたら、そこから崩せたのに、今はバックハンドが良くなったので穴がなくなった。あれだけのトップ選手でもプレースタイルを変えることで成績が上向きになるという例だ。

1-6

いつの時代でも世界の卓球は変化する。

2000年の卓球のスタンダードは、2020年のスタンダードではない

世界の卓球は非常に変貌《へんぼう》している。昔の卓球を映像で見ると、「遅いな」と感じる。卓球が攻撃的でなく、守備的に感じる。ラリーのテンポや打球点は今のほうが早く、威力もある。加えて、用具も以前より発展している。以前はスピードグルーを使えたので、ボールの一発のスピードはあったけれど、今のほうが用具自体は進化しており、より回転とスピードが出ていると思う。

時代によって卓球が変化したら、その卓球に順応するしかない。今の若い選手は現代の速い卓球に慣れているので、速いラリー展開でもついていけるし、それが当たり前と思っているだろう。しかし、私のようなベテランの選手は昔のややスローな卓球が染み付いているため、新しい速い卓球に順応できるように常に練習やフォームなどを変えていかなければならない。現役で長くトップを維持するということは、時代の変化に適応していくということなのだ。「生き残るもの

は最も力の強いものではなく、変化に対応できるもの」という名言があるが、卓球でも同じだ。

私が中学2年で全日本選手権で上位に進んだ頃は、私や岸川聖也さんのスタイルが、日本では最先端の両ハンド卓球と言われていたと思うが、今の時代ではそのスタイルも「古くさい」と言われる。しかも、今の若い選手は昔の卓球を知らない。知らない分、抵抗なく今の速い卓球ができるのだろう。

時代によって「卓球のスタンダード」というのは変化していく。2000年当時のスタンダードは今のスタンダードではない。ただし、変わらないものは戦術であり、フィジカルである。いくらその時代のスタンダードの卓球をしていても、勝つか負けるかというのは別の問題だ。

もちろんチキータのような新しい技術が出てくれば、新しい戦術が登場するのだが、基本戦術というのはいつの時代でも存在する。またフィジカルが重要なのはいつの時代でも同じだ。馬龍《マ・ロン》（中国）や許昕でも、今の若い選手よりも戦術やフィジカルで優《まさ》っているから勝てているのだ。

第2章

技術の極意

2-1

ストップレシーブのコツ。

回転を見極め、回転を理解しなければストップはできない

昔から相手のサービスに対して「※ストップ」は使っていたが、最近は使用頻度《ひんど》が減ってきた。通常ストップは、レシーブの時か、サービスをストップされて、それに対してダブルストップする時くらいしか使わないので、チキータが増えてきてからはストップが減ってきたのだ。

相手が右利きならば、順回転のフォアサービスは左利きの私にとってチキータでのレシーブが難しく、相手が左利きならばチキータがやりやすい。

私がストップを使い始めたのは、小学生の時のホープスの合宿でストップを練習してからだ。ボールタッチは先天的な部分もあるけれども、練習で感覚を高めていくことはできる。レシーブやストップという技術は練習でコツを覚える必要があるし、回転の殺し方であったり、回転を理解するという点では、卓球において一番難しい部分かもしれない。

※ストップ：相手の台上でツーバウンド以上させる短い返球方法。
主にレシーブの時や、相手のストップに対して短く返すことを言う

張本智和のストップはタイミングが遅く、非常に打ちにくい。
独特の「間」を持っているストップだ

まずは回転の方向と回転量を見極め、ボールのどこを捉《とら》えればよいのか、練習で繰り返しながらコツを覚える。時にはボールに触《さわ》った瞬間にラケット角度などを変えることもある。

レシーブに関して言えば、サービスの回転は一人ひとり違うので、誰かに教わるというより、経験が重要になる。

また、レシーブが下手《へた》な人ほど、弾む用具を使っているものだ。ラケットが弾めば弾むほどレシーブは難しくなる。

ボールの回転を見極める方法を教えよう。サービスの回転の種類というのは、スイングの方向とスピード、打球音、ボールの軌《き》道《どう》（飛び方）で判断する。

たとえば、ボールの軌道でもボールの回転量を推《お》し量ることはできる。あとは打球音。ラケットがボールに厚くぶつかっているのか、それとも「シュッ」と薄く当たっているのか。薄く当たっている時のほうが回転はかかっている。サービスではボールのマークが見えることもあるので、それもひとつの判断材料となる。

良いタイミングでストップができるようになったのは、中国の超級リーグに行って、馬琳に教わってからで、それまでは少し遅いタイミングでストップをしていた。馬琳からは「もっと早いタイミングで攻撃的なストップにするべきだ」とアドバイスをもらった。

ストップはタイミングを遅くすればするほど難しくなる。ところが、張本智和のツッツキやストップのタイミングは独特で、少し打球点を落として打ち、打ったボールが少し浮く。王楚欽《ワン・チューチン》（中国）やピッチフォード（イングランド）のようにそこにタイミングが合う人にはチャンスボールに見えるかもしれないが、私はあのストップが非常にやりづらい。それは長年卓球をやってきた中で、あのようなタイミングでツッツキやストップをする選手がいなかったからだ。

2-2

レシーブでは創造力も発揮できる。

相手の3球目を封じる戦術もあれば、相手に打たせてそれを狙う戦術もある

トップ選手であっても万能の人はいない。バックハンドでのレシーブは強いけれど、フォアハンドのレシーブが下手という人もいる。フォア前へのサービスをフォアハンドでうまくフリックできないので、バックハンドのチキータで返す人もいる。でも、そういう人はバックへロングサービスを出される。

たとえばオフチャロフは、フォア前のレシーブタッチが悪い。フォア前のボールをフォアハンドで返すタッチが悪いことを彼自身が知っているから、バックハンドで返そうとする。そしてバックにロングサービスを出されても強く返せるからスキがないように感じる。しかし、馬龍のように徹底してサービスを出されたらうまく対応できない。

相手にドライブを打たれた時は、自分の技術の選択肢《し》は限られてくる。「ブロックをする」、

あるいは「カウンタードライブをする」。ところが、レシーブでは下回転のサービスが来たら、「小さくストップする」「長くツッツキをする」「長かったらドライブをする」「チキータをする」「フリックをする」というように、いろいろな返球方法があるし、創造的に技を使える。

ただし、「台から出たサービスはすべてがチャンスボールだと思え」というのは鉄則である。私自身、世界ジュニア選手権に出ていた頃、河野正和監督にいつも注意されていた。

私はレシーブの構えに入る時に、たとえば「フォア前にこのサービスが来たら、こういうレシーブをしよう」と考えている。正確に言えば、前のラリーが終わったあとに、次のサービス、レシーブを考えている。

もちろん、自分の予測と全く違うサービスが来ることもある。たとえばフォア前を待っている時に、バックへロングサービスが来たら、瞬間的な身体の反応に任せる。ただ、練習でも、「フォア前」か「バックに長いサービス」を出してもらってからの対応練習はしている。

この練習は「まずフォア前を待っていて、バックに長く速いサービスが来た時にどう対応するのか」というのが目的だ。この練習を繰り返しておけば、試合で想定していないバックへのロングサービスが来ても身体が反射的に対応するので、より実戦的な練習になる。その訓練を積めば積むほど反応が速くなるし、対応の仕方がどんどん良くなっていく。

サービスからの3球目の練習でも、似たような訓練をする。相手のバックへサービスを出して、バックへ長くレシーブ、もしくはフォア前に小さく返してもらう。この場合は、バックで待っていて、フォア前に小さく止められた時に対応を速くしていくという逆のパターン練習である。こういった練習を毎日やっていくと、0コンマ何秒ずつは反応が速くなっていく。これは非常に有効な練習になる。

このような訓練を積み重ねていくと、ラリー中に相手がラケットの角《かど》に当てて思いもよらないボールが入ってきたり、相手ボールがネットインした時やエッジボールに対しても身体が無意識に反応できるようになっていく。ただし、身体が反応するには、アスリートの身体になっていないといけない。太っていては、そうしたとっさのボールに身体が反応できない。そういうアスリートの身体を作るために、普段からフィジカルトレーニングをしている。

レシーブでは心理的な駆け引きも重要で、相手がどのような3球目攻撃をしたいのかを読まなければいけない。試合が進んでいけば、それまで相手がどのようにサービスからの3球目攻撃で得点しているかがわかってくるので、ゲーム終盤では逆に相手の狙いを読んでいけばいい。

相手のサービスを考えれば、相手の意図が透《す》けて見えてくる。レシーブで相手の3球目の待ちをはずすこともあれば、相手が待っているところへレシーブをわざと送り、相手の3球目攻撃をカウンターで待つこともある。相手に3球目を打たせて、それを狙うのは高等テクニックだが、決まった時の相手へのダメージも大きい。

2-3

チキータの極意。

私はなぜチキータを苦手とするのか。チキータが苦手でも試合では勝てる理由

私はチキータを他の選手ほどうまくできない。逆にチキータのうまい選手はストップレシーブがうまくないケースも多い。ストップができないからチキータを選ぶとも言える。「チキータをやろうとしたけど、できないからストップをする」というのは打法としては難しい。チキータとストップではボールへの入り方も動作も違うので、その2つの打法を両立させるのは難しいという意味だ。張継科は例外でストップもうまいし、チキータもすごい選手だった。

私は以前から肩を傷めていて、ひじがうまく上がらないために、チキータとYGサービスはもともとうまくできなかった。チキータを10分以上やると肩が痛くなっていたので練習もあまりできなかったし、練習をしていないからチキータそのものがうまくならなかった。肩の状態はチューブトレーニングをやるようになってからかなり改善された。

張継科が世界チャンピオンになってから、
ドイツのオフチャロフもチキータを主軸にするようになった

私自身は2015年から1年くらいはチキータを多用していた。相手が左利きならばバックに来る順回転のフォアサービスに対してチキータはやれる。

チキータのうまい人はボールに当たる瞬間に力がうまく伝わっている。当てるだけ、入れるだけのチキータは怖くない。

前述したように、2011年世界選手権ロッテルダム大会で張継科が優勝した後から、一気に世界の卓球はチキータや台上バックドライブが主流になったが、一方でチキータを封じるサービスも進化してきたので、チキータしかできない選手は勝てない時代になっている。

チキータというのは、バック前はもちろん、ミドル前、フォア前のボールも打ちにいく。特にミドル前、フォア前のボールをチキータした場合、バックに来た4球目のボールをどう対処するのかまでセットにして考えなければいけない。

チキータを封じるサービスとしては、ロングサービスや右利き対右利きならフォア前へのYGサービスが有効だ。2015年世界選手権蘇州大会で、私はカルデラノ（ブラジル）と鄭栄植《ジョン・ヨンシク》（韓国）との試合で競り勝った。この時には、ボールを下からすくい上げるように思い切って回転をかけるハイトスの下回転サービスを出していた。

このサービスはボテボテと飛んでいくのだが、下から上にすくい上げるように打球するために、サービスがサーバー側に戻るように飛んでいくのでチキータがやりにくい。大会前からチキータ対策用に編み出したサービスだった。

これからの選手に求められるのは、バランスの良いレシーブである。ストップだけでもなく、チキータだけでもなく、状況に応じてストップでもチキータでもバランス良く選択できることが重要なのだ。

2-4

私が表ソフトに負けない理由。

ループドライブやゆるいボールを混ぜて攻め、攻められた時にはループドライブでつなぐ

私は中学生の時に、表ソフト使用選手に対する勝ち方がわかった。もっとさかのぼれば、小学生の時には、周りに粒高《つぶだか》の選手が多くいたので、試合に出れば、中・高校生の粒高の選手と対戦する機会が多かった。静岡には1学年上に一枚ラバー（フォア面）を使った池田和正さんがいた。池田さんには最初4連敗くらいしたが、勝ち方がわかってからはずっと勝っていた。表ソフト、粒高ラバー、一枚ラバーに勝つコツを試合をやりながら身につけていったのだ。

表ソフトと粒高、一枚ラバーは似た用具なので、そういった選手と練習や試合をすることで球質に慣れていった。

戦術的には、シェーク異質攻撃型であれば、表ソフト面に送球し、その返球を狙う。バック表ソフト、フォア裏ソフトであれば、バックを狙う。基本的には、表ソフトはカウンターはやりや

すいが、自分から攻撃を仕掛けていく打法はやや難しい。表ソフトに対してはループドライブやゆるいボールを混ぜたり、攻められた時にはループドライブでつなぐのがセオリーだ。

相手が粒高ならば自分からは打たない。相手に打たせる。もしくは下回転のボールを粒高面に送れば、上回転で返ってくるので、それを狙う。

小学生の頃は、粒高や表ソフトに対して苦労していたが、だんだんと慣れて、攻略法が見つかってからは苦にしなくなった。

2-5

カットマンが相手なら粒高面を狙う。

苦手なのは朱世爀のように
サービスから3球目を打ってくるカットマン

静岡には全国的に強いカットマンがいなかった。その後、強くなってからも世界的にカットマンは少数派ではあるが、代表的な選手として陳衛星《チェン・ウェイシン》（オーストリア）、朱世爀《チュ・セヒュク》（韓国）、ギオニス（ギリシャ）、フィルス（ドイツ）がいた。カットマンに対してはまずフォアミドルを狙う。またカットマンと言っても、タイプはそれぞれ違う中で、相手のサービスの時には、バックへ長くレシーブをして、それを粒高で返してきたボールを狙っていく戦術を使う。

私の苦手なカットマンというのは、朱世爀のようにサービスから3球目で攻撃してくるカットマンである。メンタル的にも嫌な相手だ。

粘るだけのカットマンは、打ちやすいボールが来るまで待っていれば良いという心の余裕があるけれど、打ってくるカットマンというのは常に「いつ打ってくるんだろう」というプレッ

カットマンが相手なら粒高面を狙う。
朱世爀のようにサービスから3球目攻撃を仕掛けてくるカットマンは苦手だ

シャーを感じる。攻撃されるという恐怖心があるので、カットに対するドライブもストップも厳しく送らなければと感じ、凡ミスが出てしまう。

カットマンに対しては粘って長いラリーになって点を取られることよりも、攻撃されて点を取られ、試合全体で重圧がかかるほうが心理的にはきつい。

朱世爀には負けることもあるが、ギリシャのギオニスなどのカットマンにはほとんど負けていない。大学1年くらいまでは松下浩二さん、朱世爀、陳衛星の3人には負けた経験があるが、2010年以降は朱世爀以外のカットマンには負けていないし、カットマンを苦手にしているわけではない。

カットマンでもいろいろなタイプがいる。粒高がバック面であれば、サービスを持った時には粒高を狙う。切れたサービスをバックの粒高に出せば返球はほとんどナックルになるので、それを狙うのが定石だ。

2-6

「はずし」のタッチ、「はずし」の変化。

相手の得意なパターンを把握し、
相手の次の一手を読んで、「はずす」

卓球は点取りゲームだから、試合で点数を取りにいくということは、相手の読みと常に反対のことをやることを意味する。相手の読みをはずし、相手が予測し得ないボールの回転量であったり、回転の種類を送ることが「点取りゲーム」の肝《きも》だ。

そのためには相手の動きを試合中に感じることが大切だ。相手はバックに回り込もうとしたとか、クロスに打とうとしたとか、ストップをしようとしているとか、そういった相手の動きを感じることが重要になる。それを感じた瞬間に、相手の裏をかいて、タイミングやコースをはずす。

たとえば、右利きの相手が私（左利き）のフォアへハーフロングサービスを出す。それに対して私がレシーブで迷って、打球点を落としたその瞬間に、相手はバックサイドへフォアで回り込むことがある。それを打球の瞬間に察知して、相手が待っているクロスではなく、ストレートにゆっくりと送るだけで、得点になるケースがある。

また、自分がサービスを出して、長いレシーブが来ると思って待っていたら、はからずもフォア前にストップしてきた。一瞬こちらの判断が遅れると、相手は距離が長くてこちらが返球しやすいクロスに来ると判断する。そこであえて、ストレートに流すように返す。つまり、自分の判断が遅れ、不利な状況に陥った時に、安全な返球ではなく、あえて難しいことをやれば完全に相手の読みをはずすことができるのだ。

こういうことは何百回と経験して、「この場面では相手がクロスに待っているな」と予測して、ストレートに送ったら相手の読みをはずせることを身体が覚えている。

たとえば、2010年の世界選手権団体戦モスクワ大会のドイツ戦で、ボルと対戦した。最終ゲームの9−9で、ボルのハーフロングサービスがバックに来た。それを回り込んで、ドライブのフォームで相手の回転を残しつつ、ナックルにしてストレートに返し、ボルはネットミスをした。セオリーならクロスに打つところだが、打とうとした時に相手がバックに動くのが視界に入ってきたので、とっさにストレートに打球した。

これを「才能だ」と言われてしまうと話はそこで終わってしまうが、私から言わせてもらえば、同じような場面でボルのハーフロングサービスをクロスにドライブして、それで何度もカウンターを食らって失敗した経験があった。だからこそ、あの勝負どころの9−9でボルのわずかな動きが見えて、とっさにストレートに打った。これは才能ではない。経験と練習、そしてあの場

2008年1月の全日本選手権6回戦での坪口戦。マッチポイントを奪われたが
最終ゲーム8-10から逆転した

面で使う勇気なのだ。

もうひとつ言えるのは、自分のフォアハンドに絶対的な自信を持っていることだ。バックハンドでは、前述のボル戦のような「はずし」はできない。フォアハンドならいろいろな打ち方ができて、その技に自信を持っているからこそ、大事な場面で「はずす」打ち方ができた。自信のあるフォアハンドでしか「はずし」はできない。もしひらめきでやっているとしたら、バックハンドでも「はずし」はできるが、私が「はずす」のはフォアハンドでしかできない。だから、選手によってはこういう「はずし」をバックハンドでできる人もいるだろう。

もうひとつの例は、2008年1月の全日本選手権6回戦の坪口道和戦。3―3の最終ゲーム、8―10でマッチポイントを奪われ、10—10に追いつき、12—11でマッチポイントを奪い返した。ここでミドルに来たサービスをバックでストップレシーブ、次の相手のツッツキがバックへ来た。

普通なら回り込んでバックストレート（相手のバック）に強く打つところだが、私は相手の読みとタイミングをわずかにはずして、バッククロス（相手のフォア）にドライブをしてノータッチで打ち抜き、逆転勝利を決めた。

相手の心を読んでいたし、それまでこのボールをバックストレートに打っていて、坪口さんにカウンターされていたのも伏線《ふくせん》になっている。実際には自分のバックに坪口さんのツッツキが来て、テイクバックを取り、ストレートに打つつもりだったが、打つ瞬間に相手の待ちを察知して、クロスにコースを変えた。ボール自体は普通のドライブで、もしそこで相手が待っていたらカウンターされるようなボールだが、相手は完全にバックで待っているし、動き出しが見えていたのでノータッチで抜けていった。

この一連の攻めに共通しているのは、どういう局面でも相手の動きが視野に入っている点だ。攻める時でも守る時でも、飛んでくるボールを視野に入れながらも、相手の動きも視野に入れておくこと。そのためには、練習の時から、相手の動きを意識する習慣をつけておこう。相手の読みをはずすのがうまい人というのは、この「周辺視野」が優れている人で、逆に周辺視野の狭い人は相手の動きも見えないし、相手に逆を突かれやすい。

第3章

生きた練習と死んだ練習

3-1

自分の読みが覆された時のほうが楽しい。

死んだボールを打つのは退屈で、役に立たない練習だ

卓球が楽しいと感じるのは、自分の意外性のある技が決まったり、カウンターが決まったり、すごいボールが良いコースに決まった時だ。

相手との読み合いという点では、ここで相手は待たないだろうというところにボールを返して、そこで相手が待っていたら、「うわ、面白い！」と感じる。やはり卓球の奥深さ、読み合いは何年卓球をしていても面白い部分なのだ。たとえば、10本連続バックにロングサービスを出していて、11本目にフォアにロングサービスを出した時、そこに相手がいて待っていたとなれば楽しくなるだろう。相手が自分以上の読みをしてきたり、絶対返球できないようなボールを打ったのに、それを返された時には面白いと思う。自分の予想や読みが覆《くつがえ》された時のほうが楽しい。

練習も基本的には楽しいものだ。良いボールが決まったり、良いラリーが続いた時は初級者、

相手の待ちを読みながら打球しているのに、相手に完全に読まれることもある。それも卓球の面白さだ

上級者関係なく快感だろう。

卓球にはもうひとつ「気持ち良さ」がある。自分の思ったところにボールが飛んでいく快感である。相手のドライブに対して、完璧にとらえてブロックして、狙いどおりの場所に送球できた時には卓球独特の「気持ち良さ」を感じる。今は自分の用具も安定して、私も慣れてきているし、自分の感覚がラケットを通じて正確にボールに伝わっているので、自分の思ったところにボールを自在に飛ばせる気持ち良さがある。

ここまでは卓球のポジティブな部分だが、卓球をすることが退屈な時もある。それは練習で相手から「死んだボール」が来る時だ。

相手に気持ちが入っていなければ「死んだボール」しか来ないし、練習の時に死んだボールが飛んでくると私はつまらないと感じる。また相手がブロックの時にただ合わせてくるボールはやっていても退屈だし、相手の死んだボールを打っても自分の練習にはならない。私が打ったボールでも甘いボールは必ずある。その甘いボールを相手は見逃さず、ブロックではなく打ち込まなければいけない。自分のブロック練習だと思って、相手もただ返すだけでなくブロックで点を取りにいくほどの厳しいブロックをしないと役に立つ練習とは言えない。

いくら相手がチャンピオンであっても、そこで遠慮しては練習にはならない。常に点数を取りにいく気持ちを持たなくてはいけない。スキがあれば自分が攻めにいくんだという姿勢が必要なのだが、実際にはブロックの時には自分の休憩時間だと思って練習している人が多すぎる。相手の練習の時でも甘いボールが来たら、試合と同じように攻めていかなければいけない。

3-2

練習は「自主的」にやるのか、「強制的」にやるのか。

集中力を欠く子ども時代は「強制練習」も必要かもしれない

ある日、自分が朝起きて練習場に向かう時に、「疲れているな」と感じることがある。前の日に筋力トレーニングをしすぎて、その疲れが残っている時や、疲労が蓄積されて身体が重く、思うように動かないと感じる時である。

そういう時には、まず目標を決める。私の場合、午前中に2時間半だけ練習をする予定の時に、練習の途中で自分が疲れていると感じたら多球練習をやる。その時は木下グループの邱建新コーチにボールを出してもらう。選手同士だとできないが、コーチに自分を牽引《けんいん》してもらい、他人の力を借りて練習を最後までやり通すこともある。

また別の日に、今日は打球練習に集中できないと思ったら、ボールを打たずに筋トレをしたり、それもできないと思ったら、練習を休む。それ以上やっても、練習の効果がないからだ。このやり方は邱さんと契約して、一緒に練習をするようになってから採用した。練習が厳しいのでどこかで身体を休めないともたないからだ。

自分が中学生、高校生の時には、先生がいる場合は見えないところで休んでいたり、練習を頑張っているフリをしていたことも多かった。身体が疲れ切っている場合、休めるなら休んだほうが良い。コーチに「休んでいいよ」と言われても休まず練習を頑張る選手と、そのまま練習を休んでしまう選手に完全に分かれるだろうが、私は当時も今も休んでいいよと言われたら、休んでしまうタイプだ。だから、中・高校時代には、強制的にでも練習をやる必要があったと思う。

練習は高い意識で100％の集中力でやらないと効果は発揮されない。ところが子どもの時には集中力は長く続かない。低い集中力でダラダラ練習をやるのは効果が薄い。そのために、時には指導者が横にいて強制的に集中力を高めることが大事になってくる。

私が青森山田で過ごしていた頃は、練習場に吉田先生という絶対的な人がいて、練習場全体が高い緊張感に包まれていた。先生が見ている前ではミスはできない。これは強制的に高い集中力で練習をしたケースだが、練習が嫌いだった私にとってはプラスだった。

ところが大人になってから強制的な練習をするとかなりのストレスになってしまう。あくまでも自主的に目標を持って練習することが大切だ。そして集中力を欠くと、練習の効果が上がらないだけでなく、故障などを誘発する。だから集中できない時は打球練習ではなく、筋トレをしたり、休養したりするべきなのだ。

体調が悪い時、集中力が続かない時もある。
そういう時は筋トレや多球練習、もしくは休養が必要

日本でも環境的に恵まれていない選手もいる。練習が十分にできなかったり、指導者がいないという子どもたちは多い。しかし、卓球台はどこにでもある。学校だけでなく、卓球台を置いてある場所を見つけてそこに行くことはできる。

卓球はカーリングやスキーのように寒い場所に行かないとできない競技ではない。探せばどこかに卓球ができる場所はある。「卓球ができない」「環境が悪い」と不満ばかり言わないで、自分で卓球ができる場所を探して練習すれば良い。私も子どもの時は練習できる場所を求めて、毎週末のように県外に行ったりしていた。

新型コロナウイルスの感染拡大で、練習場も閉鎖になった時には「しばらく休める」とポジティブに考えた。全くネガティ

ブな気持ちは持たなかった。東京五輪も延期になり、当面のすべての試合もなくなった。2020年4月6日から1カ月以上は練習場が使えず、卓球王国編集部にある台を借りて1回練習をやり、近くの卓球場で2回やっただけ。そして5月14日に練習を再開した。卓球をやりたい時には自分で練習できる場所を探せばいい。自分が強くなろうと思ったら、行動すればよいのだ。今回、外出自粛期間に卓球をやったのは、強くなるためではなく、自分のボールを打つ感覚を忘れないためだ。

休養もプラスになる。体を休めることもできるし、卓球のことを考える時間も持てる。そして何より「卓球を早くやりたい」というモチベーションを持つことができるのだ。

3-3

生きた練習と死んだ練習。

緊張感のある練習を積み重ねることが試合での力を高めることになる

試合では常に攻める気持ちがあるわけだから、その状態でブロック練習をすれば生きた練習になる。練習相手という意識のリラックスした状態で、当てるだけのブロックをすれば、「死んだボール」になって、その練習は何の役にも立たない。

そんなブロックをしてきたら私は相手に「こんなボールじゃだめだよ」と言う。もしくは、自分がブロックをする時に、厳しいブロックを見せるし、甘ければ攻撃を仕掛けることで、相手が自分の甘さに気づくこともある。そうして緊張感のある練習を積み重ねることが試合での力を高めることになる。

私自身も高校まではラリーを続けることに意識が向き、甘いボールを送っていたと反省している。大学に入ってから意識を変えて、厳しいボールを送るようにした。私が中学2年でドイツに行った時はプロ選手が相手で毎日厳しい練習を繰り返していたが、日本に戻ってくると甘くなる部分はあった。

ブロックは台のどこにボールが来ても絶対ミスをしないという覚悟を持ってやること、スキあらば攻め込む気持ちを持つことが大事である。

日本の練習だと、相手のバックの半面にブロックを送る時、時々フォアに送ったり、甘いボールをカウンターしたりすると「なんで俺の練習なのに、打ってくるんだよ」とブロック側が怒れたりする。

最近のナショナルチームレベルの練習ではそういうことはなくなったが、ヨーロッパでは、「甘いボールを送ってくるお前が悪いんだ、だからカウンターしているんだ」と言うのが当たり前で、自分もそれが良いと思っている。

相手が強いボールを常に打ってくれれば、ブロック側はカウンターできないだろう。日本の練習では、攻撃側が練習の主導権を握っているのが良くない。立場が対等でなければ良い練習はできない。日本では練習メニューを決めた人の立場が上で、主導権を握っているのが問題なのだ。ヨーロッパのような対等な関係でなければ、3時間の練習は実質1時間半の練習にしかならない。コートに入った二人が対等な立場で練習すれば、3時間の練習はすべてが自分の練習になる。

3-4

常に格下と練習するエースの意識。

自分の中で意識のハードルを上げて練習をしなければ強くはなれない

どこのチームにもエースと言われる一番強い選手がいる。その選手は常に格下の選手と練習をすることになる。チームのエースというのは、ある意味自分との戦いを日々繰り返すことになる。つまり自分の打ったボールが試合で通用する厳しいボールなのかどうかを常に確認し、自分が納得するボールが打てるまで練習を続けたり、自分の中で意識のハードルを上げて練習をしなければ強くはなれない。

20歳くらいの時、ドイツから日本に帰ってきて明治大学で練習するようになると、一気に練習相手が格下になった。相手はナショナルチームレベルでもなく、大学時代の私の練習は常に自分との戦いであった。相手が世界レベルのボールを打ってくることはないので、練習の中では点を取ったとか取られたということは重要ではない。「今の自分のボールは相手がミスをしたけれど世界の選手ならカウンターされている、簡単にブロックされるな」とか、目先の得点ではなく、自分の打ったボールが厳しいボールなのか、世界で通用するボールなのかを常にチェックしていた。

大学の選手と自分では、卓球への思いもレベルも明らかに違う。卓球に懸けているのか、楽しく卓球をやろうとしているのか。その意識も思いも全く違う。それはナショナルチームでも同じで、なんとなく練習をやっている選手と、私や張本智和のようにプロとして向上するために練習に向き合う選手では意識は全く違う。

だからといって、その環境で自分が諦《あきら》めるのではなく、自分がジュニア時代にドイツで経験したように、こちらが集中して「ミスできないぞ、厳しいボールを打つぞ」という重苦しい練習の雰囲気を作るように努力をしていく。

ヨーロッパの選手は卓球への意識が高い。ロシアリーグに行った時でも、練習だけではなく、練習後の食事でも、ミネラルウォーターしか飲まないし、選手たちはプロテインを摂取したりする。日本のプロ選手では練習後にアルコールを口にする人もいるかも知れないが、ヨーロッパのプロ選手はそれが体にマイナスだと思えば、口にしないようにセルフコントロールもするし、選手としてのプロ意識が高い。

日本のナショナルチームの選手はほとんどプロ選手だけれど、自主的に練習やトレーニングをしている姿をあまり見ない。プロとしての意識が低ければ、いくら良い内容の練習をしても身に

ある時期から練習は常に格下の選手とやることになった。
練習中の自分の意識がより重要になる（写真はナショナルチームでの練習）

つかないし、逆に意識が高ければ練習時間が短くても強くなっていける。

日本で言えば、張本は向上心が高い。彼は練習場にも一番早く来て、一番遅くまで練習をして、その後トレーニングに取り組んだりするほどのストイックな選手だ。さらに父の宇さんやナショナルチームの倉嶋洋介監督がサポートして、良い練習をしている。

世界のトップクラスを維持するには特別な環境や努力が必要とされる例だ。

3-5

ドイツの練習と青森山田の練習。

青森山田では日々限界に挑戦するような緊張感のある練習だった

中学・高校時代のドイツと青森山田での練習は、全く別の練習だった。どちらの練習も自分にとっては良い経験だった。当時は日本にいるのは1年のうち3カ月で、それ以外は国際大会とドイツでの生活だった。今やっている練習は当時ドイツでやっていた練習に近い。選手を長くやるのであればヨーロッパのような練習のほうが良いと思う。

青森山田の練習というのは、日々限界に挑戦するような練習だった。強豪校と呼ばれる中学、高校で高い緊張感の中で頑張って練習を続けても、一度緊張の糸が切れると落ちていくし、頑張れない選手というのは数え切れないほどいる。青森山田では卓球以外にすることがなく、寮生活で、当時は今ほど携帯電話も便利ではなかった。卓球に集中するには最適な環境だった。

今の子どもたちはスマートフォンでＳＮＳをやったり、ＹｏｕＴｕｂｅを見たりする。こういう環境の中で卓球に専念するのは難しい。今の時代は便利ではあるけれど、昔は卓球しか頭になかったのが幸いだった。

青森山田の良かった部分は選手たちの意識の高さだろう。試合と同じような緊張感で練習ができた。練習内容は反復練習が多いので、内容に飽《あ》きてくることもあるが、選手がたくさんいたので毎回違う選手とやることになり、飽きる部分をカバーできた。

ドイツの練習ではマリオ・アミズィッチが、その時その時で、彼のひらめきやアイデアで毎日のように練習内容を変えていた。相手はブンデスリーガで活躍しているプロ選手なので、練習の質も高いし、緊張感もあった。

私は自主練習だけで、今のレベルに行けたかどうかはわからない。たとえば高校の指導者でも、選手に強制的に練習をやらせるタイプと、選手の自主性にまかせて練習をやるタイプがいるが、いわゆる強豪校というのは多かれ少なかれ、強制的な中で厳しく選手に質の高い練習を求める。

私自身は強制的な部分は嫌っていた。そのため青森山田の練習でも、練習中に吉田先生がトイレや用事でいなくなると、私は休憩していた。ドイツと比べると、部員の練習への意識は高いが練習時間が長い。見方を変えれば、それは吉田先生が見ているからこそ意識が高く、緊張感があったのだろう。観客のいない練習試合と、観客のいる練習試合の違いのように、吉田先生がいれば集中力と緊張感は自然と高まっていた。

3-6

締め付けるような緊張感をどのように作るのか。

自分の中に吉田先生を作り上げることで、練習場の空気を作る

青森山田の選手たちが全日本選手権で活躍し、日本代表を数多く輩出したのは、豊富な練習量もあるが、吉田先生が作り出したあの緊張感のある練習場が最大の理由だった。練習での意識を継続的に高めてくれたのが吉田先生だった。他にも何人かコーチの方はいたが、吉田先生がいる時と比べると雰囲気がゆるくなってしまった。

結論としては、吉田先生がいるような緊張感で練習をすれば強くなるということだ。吉田先生が作るあの緊張感が強くなるためには重要だった。しかし選手たちだけではあの緊張感は決して作れない。たぶん他のコーチでもあの緊張感は作れない。

ドイツでのマリオ（・アミズィッチ）は吉田先生のような怖い存在ではない。優しいコーチだった。けれども、ドイツで練習をゆるめたことはない。相手が集中しているし、みんながプロ

選手だから、手を抜くような練習はしない。練習時間は長くないので、その短い練習で集中して自分を向上させようとする。

ナショナルチームでも、若い選手は緊張感を持って私に向かってくるのだが、もう何十回も練習をやり、私生活でもよく知っている仲の良い選手だと「慣れ」が出てきて、緊張感が下がってしまう。

練習での指導者の役割というのは、いかに練習場の緊張感を高め、選手の意識を高めるのかということだ。自主練習というと、どうしても楽な練習のように感じてしまうが、意識が高く、緊張感があれば、強制的な練習でも自主練習でも選手は強くなることができる。

強制的に練習をすれば必ず強くなるとは思わない。なぜなら、ヨーロッパの選手は強制されて練習をしない。彼らは自主的に練習をやって、自分に厳しく要求を課して強くなっているからだ。強制練習では、強制的に練習させる人がいなくなった途端、選手たちは集中力が一気に低下してしまう。一方、自主練習では自分自身の中に「自分を叱咤《しった》する指導者」を置けば、高い集中力で質の高い練習ができる。

3-7

モンスター軍団・青森山田が勝ち続けた理由。

なぜ青森の高校が日本代表を輩出し続けたのか

青森山田は練習場での緊張感がすべてだった。怒られたり鉄拳を振るわれるのは誰もが嫌なので、その緊張感の中で手を抜いた練習はできなかった。

私は逆に「殴れるもんなら殴ってみろ」くらいの気持ちでやっていた。小学生の頃、親に厳しく指導されていたので、怒られることにあまり抵抗感はなかった。ただ、怒られるチームメイトを見ていて、かわいそうだなと思っていた。

青森山田は環境が素晴らしかった。練習をやろうと思ったら24時間いつでもできるし、当時は福島萬治さん、板垣孝司さん、古瀬泰之さんとコーチも揃っていた。その中で競争心のある選手たちが練習をする。選手のモチベーションも高かった。それは周りがみんな各カテゴリーでの全日本チャンピオンなので、具体的な目標が身近にあったからだろう。

写真提供：卓球レポート／バタフライ

高校時代の青森山田の練習風景。吉田先生の話を聞く。
後方で立っているのは邱建新コーチ（写真の左端が筆者）

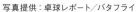

そうそうたる成績で入部する選手だけでなく、期待されないで入学する選手もいるのだが、そういった選手でも青森山田では強くなる。それは覚悟を持って青森山田に来るからだ。その典型的な例が神巧也だろう。神は入学してきた頃強くはなかったけれど、青森山田に入ろうとする時点で高い志《こころざし》を持っていたことになる。入ってからは人一倍練習をして、力をつけていった。

吉田先生が目をつけてスカウトした選手がほとんどだから、みんな強い選手だった。高いレベルの中にいるので、青森山田でレギュラーになれずに埋もれていても、卒業して大学に行くとエース級の選手になれる人ばかりだった。

当時の青森山田は日本一の練習量だったと思う。私も当時男子史上最年少の中学2年で全日本選手権のランク（ベスト16）に入ることができた。実際にはインターハイや高校選抜のほうが意識する部分が大きく、逆に全日本選手権は思い切ってできた面もある。

吉田先生は先進的な技術を教えることもなく、特別な練習メニューがあるわけでもなかった。しかし、選手たちの競争心をあおるような実力主義で、練習場で檄《げき》を飛ばし、ヒリヒリする緊張感を作っていた。それこそが青森山田の強さの理由だろう。

3-8

昨日の自分よりも今日の自分が強くなっているのか。

集中力を高めるために一番目立つ台で練習を行う

私はこの2年間、練習は質とか量という考えよりも、「今日の練習は、昨日の練習よりも自分の卓球を向上させたのか」「昨日できなかったことが今日はできるようになったのか」という見方をしている。毎日毎日、自分の成長を感じていたいし、昨日の自分よりも今日の自分が強くなっていると感じたい。

それまでの自分はマイペースだった。他の人と比べられたり、何か言われてもあまり気にしなかった。そして、身体が元気な時や、モチベーションが高まっている時には自分を追い込んで練習をするやり方だった。大会前は逆に練習を抑えて、パワーを蓄《たくわ》えておくようにした。

青森山田の時には毎日疲れている感じで、練習しているフリをして流している時もあった。たまに吉田先生に見抜かれて、練習相手を変えられたこともあった。

写真提供：卓球レポート／バタフライ

青森山田時代に練習する筆者。相手は松平賢二選手

私は、青森山田の時にも、味の素ナショナルトレーニングセンターでも、木下グループでも、監督から最も見えやすい卓球台で練習をするようにしている。青森山田では、どの選手も監督の目の前のコートで練習をするのを嫌がるのだが、私はあえてそこでやっていた。監督が見てくれるコートが最も集中力が高まる。自分のモチベーションが高くなる状況に自分を置く。学校の授業でも、先生の授業を集中して聞くために、一番前の席に座っていた。

自分に甘えることなく、厳しい状況、集中できる状況に身を置くことが大切だろう。

3-9

試合で使わない技の練習は無駄だ。

入る確率と、決定率を考えながら練習をやり、試合をする

試合で使わない技術や戦術を、貴重な時間を割いてやるのは無駄な練習だ。

卓球にはセオリーがある。たとえば、ロビングを打つとすれば、打つ強さやコース、タイミングは決まっているのに、それをシュートさせたり、カーブさせたり、早いタイミングで打ってみたり、ただの思いつきでやっていても実際にはそれは試合で使えない。練習とは試合で勝つための確率を追求するためにある。

私の卓球は確率で成り立っている。様々な局面で、常に得点するために確率の高いことしかやらない。仮にリスク（危険性）のある技術を使うとしたら、それが50％以上の決定率があるのなら実行するが、50％未満ならやらないし、やる意味がない。

リスクというのは攻撃する時にしか発生しない。自分の卓球をより攻撃的なものにしていこう

とした時に、リスクとリターン（得点率・決定率）を考えるようになった。

必勝の戦術というのは、得点する確率の高い卓球のことを指《さ》すのだ。誰もが自分の打球の確率を考えてプレーしていると思うが、私が他の選手と違うところがあるとすれば、その技を繰り出したあとのリターンを計算していることだろう。他の選手は、その技術が何％の確率で入るかという予測はしても、リターンを考えていないかもしれない。しかし、私はリスクのあることをやった場合は、それがどのくらいのリターンのあることなのかを常に頭の中で計算しているのだ。

つまり、あるボールが来た時に、私はクロスに打つか、ストレートに打つかという判断で、どちらに打ったほうが決定率が高いのかをまず考える。クロスに打つほうが簡単だとしても、そこに打っても相手が返球してくる、つまり決定率が低いのであれば、ややリスクはあっても、決定率が高いストレートに打つことを選択する。

たとえば、自分がロビングに追い込まれた時に、相手がフォアに打ってきたら、なぜフォアに打つんだろうと思う。フォアに打たれても、こちらはそこから盛り返していける。だから、ロビングに対して攻撃するのなら、相手が反撃をしてこないバックへ打つべきだろう。

世界のトップ選手には「何となくこの技を使いました、このコースに打ちました」というようなプレーはない。一球一球の説明をしっかりとできるのがトップ選手で、ただなんとなく打つ選手が、勝てない二流選手なのだ。ボールが入る確率と、その決定率を考えながら練習を行うべきだ。それを身体に染み込ませていけば、試合でも身体が反応して打球できるようになる。

3-10

練習で、ミスを簡単にしてはいけない。

「この1本で100万円が手に入る」と思った時に平常心でいられるのか

今の中学生、高校生は普段から恵まれた環境でプレーしていて、それに慣れすぎてしまっている。常に恵まれた環境でやっていると、実際の大会で実力を発揮できない時がある。たとえば、全国中学校大会やインターハイ、全日本選手権でも試合前に30分しか練習ができないこともあるだろう。

どんな状況になったとしても良いパフォーマンスができるような準備をしなければいけないし、指導者もあえていろいろな経験をさせる時があって良いのではないか。エアコンがついてない練習場や試合会場でやらなければいけないこともある。エアコンがなくて湿気があるところで試合をやる、十分な練習相手がいない、試合開始が予定よりも大幅に遅れたなど、大会では様々なハプニング、アクシデントがあるものだ。

常に良い環境でやっていると、その環境に慣れすぎて、他の会場でやると力が発揮できない人もいる。だからこそ、選手はいろいろなところに練習に行き、違う環境で卓球をやることに慣れなければいけない。

私は小学生や中学生の時にはいろいろな場所で練習していた。決まった練習場ではやっていないし、そうして経験を積んだのがのちに役に立った。

中学2年でドイツに行って最初の頃は、練習場のメンバーが奇数になると、女子の選手と打ったり、もしくはひとりでサービス練習をやっていた。ロシアリーグに行った時は試合ごとにボールも違うし、会場も違うので、そういう経験をしたことも役に立った。中国リーグの時には、1勝するのが大変だから、プレッシャーも大きかった。与えられた環境で精一杯やるしかなかった。

様々な経験を積んでいくと、「なぜ今日、自分のボールが入らないのか」その理由がわってくる。その理由がわからないと、「調子が悪いのかな」と思い、焦って無理に練習をたくさんする。「ボールが入らないのは、自分の足が動いていないから」とか、「用具が悪い」と思ってしまうのだが、実際には会場やボール、卓球台の影響でミスが多い時もあるので、それを把握して、慣れていかなければいけない。

普段の練習では、「簡単にミスをしないこと」を肝に銘じよう。卓球という競技は1本が勝敗を分ける。練習での1本のミスが試合でも出てしまう。ミスをしないことは選手である以上、当たり前のことだが、私自身は「この1本をミスすると、卓球が続けられなくなる」という気持ち

明治大学時代、周囲との意識の差を感じながら、
「この1本に集中して、絶対ミスをしない」という高い意識を持ち続けた

で練習をしている。

プロ選手になると、「この1本を取れば、100万円が手に入る」というシチュエーションもある。実際にワールドツアーのグランドファイナルでは、「この1本取れば賞金が500万円違う」こともあった。だからこそ、普段の練習でもそういう気持ちで練習をしている。「絶対ミスをしないぞ」という意識でやっていると、実際の大舞台で大きなお金、大きな勝利がかかった時にビビることはない。ところが、普段、何気なく練習をやっている選手が、大舞台で「この1本で優勝できる、この1本で賞金が100万円変わる」と思うと、雑念だけが頭を支配し、手が震えてしまうものだ。

他の日本選手でそういう必死な気持ちで練習をしている人はいるのだろうか。私は練習の1本を重く考えている。それは大学の時からそうだった。ドイツでのプロ生活を終え、日本に戻って大学で練習をするようになった時に、自分の意識と大学のチームメイトの意識があまりに違いすぎて呆然《ぼうぜん》とした。

今思えば、それは当たり前のことだった。ドイツでプレーし、卓球を生業《なりわい》としている選手たちは練習での1本の重要性を知っているし、練習時間は短くても1本にかける集中力が半端《はんぱ》ない。一方、日本の学生選手は高校での厳しい練習から解放され、学生生活をエンジョイしながら卓球をやっている。将来、卓球でお金を稼ごう、プロになろうという選手はほとんどいない。

そんな中で練習しながら、自分自身が「この1本に集中して、絶対ミスをしないぞ」という高い意識を持つことだけが、私ができることだった。

すでに全日本チャンピオンになり、誰かとの戦いというよりも自分と戦うしかなかった大学時代。普通に練習をしていれば、相手が8割ミスをして、自分は2割のミスをする。その時に、「自分が1本ミスをすると、100万円を失うことになる」と考えながら練習をしていた。

日々の1本1本の意識の違いが、毎日、1週間、1カ月、1年続いていけば、大きな差になるはずだ。そういう意識を持たなければ学生との練習で緊張感は保てない。遊びなどの誘惑が多い大学時代。君は誰と戦うのだろうか。

第4章

メンタル
――試合は誰もが緊張する

4-1

メンタルを技術力で補う。

誰もが緊張するし、手が震える時もあるだろう。
これは誰でも経験することだと考え、開き直れ

試合でのプレッシャーというのはある程度コントロールできると思う。ただ、そのためには自分の技術に対する裏付けが必要になる。全日本選手権の決勝ならば、誰でも緊張する。緊張やプレッシャーを克服するためには技術がないと勝てない。

私の場合は、メンタルの部分を技術でカバーすることができる。緊張していてもドライブは打てるが、緊張はサービス、レシーブなどの繊細なボールタッチを要する技術に表れる。そこで技術力があれば、緊張していてもサービスは出せるし、レシーブもできる。

ダブルスのサービスは自分にとって何より緊張する技術だ。シングルスでは技術でカバーできるが、ダブルスのサービスは半面(ハーフコート)に出さなければならず、相手が打ってくるのはわかっているので、ギリギリのコースを狙うようになる。そうすると緊張で手元が狂って甘い

サービスになることが今でもある。緊張でボールを乗せた手が震える時もある。
全日本選手権や世界選手権、オリンピックの舞台でプレッシャーによって失敗したことはない。プレッシャーに強いと言われることはあるが、プレッシャーよりも技術力が優っているとも言える。

全日本選手権で5連覇した時には大会期間中、食事ができないくらい緊張した。ただし、コートに立った時には不思議と緊張しない。プレッシャーに勝つには技術と経験が必要かもしれない。過緊張の時でも、私は技術力でフォアドライブやサービス、レシーブができる。ただし、バックハンドだけはできない。全日本選手権決勝や世界選手権でも大事なところでバックハンドがうまく使えないのは、緊張状態での技術力がバックハンドにはないからだ。

相手が明らかに格上の時、たとえば馬龍や許昕に対してスタートで0―6とか、2―7くらいでリードされると、その時にはものすごい重圧がかかるし、震えが止まらず、試合で0―4でボコボコにやられるイメージが湧いてきて、自信を喪失して、早く家に帰りたくなる。

プレッシャーを克服するには経験を積むしかない。逆に言えば、誰でも試合では緊張するのだから、試合で緊張しても「これは誰でも経験をすることだ」と考え、開き直ればよいのだ。

4-2

試合前日からの準備。

試合前、試合後のメモにより、
相手への作戦が明確になり、次の試合にも生きてくる

ワールドツアーのような大会であれば、試合前日に次の日の対戦相手が決まるので、相手選手の映像を見て、主にサービス、レシーブをこうしようという具体的なイメージを持ち、それをメモしておく。そして当日の朝にそのメモに目を通して、試合直前にもメモを見て、その作戦を頭にインプットしておく。

これは2014年頃からやっているルーティンだ。実は当時、マリオ（・アミズィッチ）から「試合が終わったら、反省点をメモしておくように」と言われて、試合後にメモをするようになった。最初は言われてもメモをしていなかったが、自分の卓球へのモチベーションが高くなってからメモを取るようになった。さらに試合前にもメモを取るようにした。

そうすると、前回の対戦でのメモと見比べて同じことが書かれていると、相手の弱点や戦術が

明確化されてくることに気づいた。何度もやっていると相手の攻めていくポイントが明確に見えてくるし、試合をすればするほど相手に対する作戦がはっきりと見えてくる。

大学1年の頃に卓球ノートをつけていて、毎日書き込むのが大変で飽きてしまったこともあり、「まあ、頭で覚えておけばいいか」とノートをつけなくなった。ところが、マリオに「ジュン、君は半年前の試合を覚えているか」と聞かれたら、明確に答えられなかった。1週間前、1カ月前の試合なら覚えておけるが、自分の記憶力にも限界があることがわかった。だが、メモを取っていれば、半年前でも1年前の試合でも記憶が蘇《よみがえ》るのだ。

青森山田の時には、卓球ノートをつけた記憶がない。吉田先生のミーティングでは、卓球ノートに書いているフリをして、実際には書いていなかった。なぜなら、吉田先生の大事な言葉というのは何度も聞いていたので、頭の中に刷り込まれていたのだ。

しかし、マリオと話をしていて、やはり記憶するのは限界がある、ノートにメモをするべきだと反省した。

4-3

緊張や焦りをコントロールするには。

深呼吸を取り入れ、試合結果を気にしすぎないこと

2013年にロシアリーグに参戦した頃は、精神状態があまり良くなかった。試合前になると興奮しすぎて眠れないことがあった。

全日本選手権で言えば2回目に出場した時からプレッシャーで睡眠障害に陥った。当時は、純粋に卓球と向き合い、負けたくないという気持ちが強かった。それで自分にプレッシャーをかけていた。

2008年から2012年くらいまでは日本代表の中で自分が圧倒的に強かったので、エースとして自分が勝たなければいけないという気持ちも強かった。つまり、当時は自分が負けたらチームが負けるという状況だった。大会期間中も食欲が落ちて、つらい精神状態になるのが常だった。

2016年リオ五輪では落ち着いてプレーできた。焦りもなく、リラックスしてコートに立った

そして2012年ロンドン五輪で負けた後、スポーツ心理学の岡澤祥訓先生に相談した。それまでも岡澤先生とは面識があって、いろいろ話をしたり、先生からの話も聞いて、精神的に落ち着けるようになっていた。

先生からはこう言われた。「結果気にしてもしゃーないやろ」。試合で勝ちたいのは当然だし、どの選手も同じだが、結果を気にしすぎるから眠れなくなったり、必要以上にプレッシャーを感じてしまう。それまで私は大会前から緊張するようになっていたが、岡澤先生から呼吸法を教わり、試合中に深呼吸を取り入れるようになった。深呼吸すると気持ちも落ち着くし、リオ五輪の時も深呼吸をかなりしている。

ロシアリーグはチーム戦で、私は外国選

手ということもあり、さほどプレッシャーを感じなかった。一方、周りの選手が必死に勝ちにいっているのに、自分がこんなにリラックスしていても良いのかなと感じることもあった。それで時には自分にプレッシャーをかけてやってみたら全然良いプレーができなかった。勝ちたいという気持ちが強すぎて、勝ちたいあまりプレーが消極的になった。サービス、レシーブで点を取りたくなり、遊びのプレーがなくなった。ドライブをしても「決まってくれ」とボールを見てしまって、返されると反応が遅れて返すだけになってしまう。

そういう経験があったので、精神状態を元に戻して、リオ五輪では良い状態で大会に臨めた。自信もあったし、ある程度リラックスしてプレーできた。調整で焦ることもなく、大会前はいつ試合が来ても良い状態になっていた。

オリンピックでは自分もほかの選手も含めて、あり得ないような良いプレーもできるが、あり得ないようなミスも出てくる。五輪には選手を縛《しば》り付ける独特の雰囲気があるのだが、私自身そういう時でも焦ることはなかった。

4-4

成功体験にこだわりすぎるな。

リスクを背負って戦うことは、成功体験をいったん捨て、挑戦するということだ

あなたは、すべての試合でリスクを背負って戦っているだろうか。

卓球の勝負にはリスクは付き物なので恐れる必要はない。リスクを恐れるとガチガチに硬くなる。どんな強い選手でも、失点するし、ゲームを落とすことはある。「勝ちたい、勝ちたい」と思いすぎるとリスクを恐れてプレーに思い切りがなくなり、冴《さ》えないものになる。

一度成功したら、その時と同じようにやれば良いと普通の人は考えるだろう。だが、実際には自分の身体も精神も変化していくので、以前の成功体験をそのまま繰り返しても、次の成功には結びつかない。成功体験にこだわってしまうと、リスクを恐れる選手になってしまう。常にリスクを恐れずにプレーするということは、成功体験に酔いしれることなく、いったんその体験を忘れ、新たに挑戦するということなのだ。私は常に成功体験とリスクの間で試行錯誤をしている。

用具に関しても、ある年の全日本選手権ではうまくいったとしても、大会が終わったら、より自分に適したものに変えることを考える。技術も同じで、１カ月前は良くても、次の目標のために技術も変えなければいけない。常に進化していくことを考えるべきだ。優勝したから同じことをやっていけばいいと思った時点で、それは退化していることと同じなのだ。

伸び悩む人というのは、自分のうまくいった経験だけを追い求めて、同じことをやろうとしているケースが多い。ジュニア選手であれば身体も心も成長しているので、ある大会で良い成績を残したとしても、その経験は次の大会では生きないこともある。プロ選手であればなおさらだ。

この20年間を考えても、ルールは変わり、ボールも変わり、卓球の技術も大きく変わった。その変化に対応していかなければ時代に取り残されてしまう。変化に対応すること、つまり選手は常に「進化」することが必要なのだ。

自分の成功体験にこだわっていたら、次の試合では勝てなくなってしまうことを肝に銘じよう。全日本選手権で優勝しようが、オリンピックで優勝しようが、向上心を常に持つことが必要で、それがなくなった時が引退する時期なのだ。

自分に不足している新しい部分を探していくことが、自分の幅を広げることになる。メンタルでも、緊張した時のほうが良いのか、リラックスした時のほうが良いのかを知ることも大事になる。自分にとって最適な試合での心理状態も変化しているのだから。

2019年1月の全日本選手権大会で10度目の優勝を決めた時の筆者。
リラックスと緊張のバランスが取れていた

4-5

アスリートのSNSの使い方。

SNSには本音は書きづらい。
基本的に、私は当たり障りのない投稿を心がけている

普通の選手であれば、みんなが有名になりたいと思っていて、自分を発信したい欲望を持っている。そして、いろいろな人とつながっていけるので、SNS（ソーシャル・ネットワーキング・サービス／フェイスブック、ツイッター、インスタグラムなど）は使うべきだと思う。ただ、有名になればなるほど、いろいろな人に様々な意見を言われてしまう面をSNSは持っている。アスリートがSNSを使う場合は、有効な使い方と危険性をしっかり勉強して使いこなしていくべきである。何も考えずに書き込んでしまうと、後でつらい経験をする。

私自身は「こういう書き方は炎上する」というものを勉強してから使うようにした。SNSには本音は書きづらい。基本的に、私は当たり障《さわ》りのない投稿を心がけている。トップレベルに近づくほど、いろいろなことを書かれるのは避けられない。いくら良いことを書き込んだり、発信

しても、アンチの人（反発する人）は必ずいる。それが嫌なら最初からSNSをやらなければ良い。まず気をつけたいのは火に油を注がないこと。試合で負けたら必ず批判を受けると思ったほうが良い。今まで私自身も試合で負けて、「もうおまえは引退しろ」「弱い」「死ね」などと書かれたことがある。昔、手紙が届いて、ファンレターだと思って開けたら、「あなたはアスリートとして失格です。応援する気が失《う》せました」と書かれていた。

ツイッターを始めた頃は、批判を書かれるとイラついて、「お前は誰だよ、そんなこと書くなら名前を名乗れ」と言いたかった。また、応援してくれる人に「こんなメッセージが来ました」と同情を求めたくなるのだが、それをやると火に油を注ぐ結果になる。

ところが、ある時期、「死ね」「キモい」「うざい」と言われても、何も感じなくなった。ある一定レベルを超えると、平気になる。悪質なメッセージを読んでも、「また来たよ」くらいになって、なんとも思わなくなる。

SNSをやっている限りは、批判コメントや悪質なコメントは避けられない。それに対して反応しないことが重要だ。確かに、アンチのコメントというのは心に深く刺さり、傷つくものだが、その何倍もの人が自分のことを応援してくれている。アンチの人というのは次から次へと湧いてくるので、相手にしないことが得策だ。

私は自分のことを応援してくれている、大事にしてくれているファンの方たちとつながっていたいのだ。

4-6

私の子ども時代。良い部分と悪い部分。

スパルタではなく、「楽しい卓球」を子どもたちに教えてほしい

小学生の時の私は、自分で言うのはおこがましいけれども、日本で一番練習をしていた少年だった。今福護さんという元日本リーガーにコーチをしてもらい、中学2年まで6年間教えてもらった。家に帰っても、卓球台があったので両親を相手に練習をしていた。

両親はおそらく「私たちのおかげであんたは強くなった」と思っているだろう。それは事実であり、感謝もしているのだが、自分にとっては厳しすぎて、怖い思い出しかなく、トラウマになっている。もちろん、そういう練習をやったから強くなったのは事実だけれども、あれが正しいやり方だとは自分自身は思っていない。

中学2年でドイツに行くと決めた理由は「まず親の元から逃げ出す」ことだった。家にいるのがつらかった。その頃、なぜか日本で一番強くなる自信はあった。ただし、このまま親元にいた

小学生から中学生になってドイツに渡るまで指導を受けた今福護さんと筆者。
今福さんは練習では厳しかったが、優しい人だった

ら自分の才能が埋《う》もれてしまうと思っていたし、親から離れたいと思っていた。

実は、小学生時代は毎日卓球をやめたいと思っていた。私には兄と妹がいるのだが、親は私にだけ厳しかった記憶がある。兄は落ち着いていて、真面目で勉強も良くできたし、妹は甘やかされていた。私に厳しかったのは、卓球の才能もあったかもしれないけど、私があまりにチャランポランだったからそうなったのだろう。

次男の私は小学校3年から6年まで遊ぶことも多かった。親に嘘《うそ》をついて、ゲームセンターにばかり行っていたので、怒られるのも当然で、それは単純にゲームが好きというのと、厳しさからの逃避だった。学校から家に帰って、親の車がないと、ハイテンションになって遊びに行っていたのを

覚えている。

日本の卓球界では、福原愛さんや自分の幼少時代の卓球への取り組み方がロールモデル（お手本）のように考えられているかもしれないけれど、今の時代ではあのやり方はNGだし、自分自身も小学生時代に良い思い出はない。

もし自分の子どもに、そういうスパルタ式で教えている親がいるとしたら、もう少し子どもの気持ちを考えてほしい。私は大会に出て勝っていたから、なんとか卓球を続けることができたし、優勝することは楽しかったけれど、試合で負ければ親に怒られる。私がもし卓球をやっていなかったら、親への反抗でグレた子どもになっていただろう。自分が親になった今、当時の両親の厳しさへのトラウマと感謝の気持ちの狭間《はざま》で私はいろいろと考えることもある。

今は、スパルタ式に親が子どもを殴ったりするのは許されないことだけれども、それと似たようなやり方で子どもを強くしようと思うのはやめてほしい。子どもたちに「苦痛としての卓球」ではなく、「楽しみとしての卓球」を味わわせてほしい。

4-7

プロ選手として一番大切にしていることは何か。

誰かに助けを求めずに、自分で道を切り開いていく

プロフェッショナルであればお金は大事だ。それは自分への評価と言えるだろう。

同時に、プロ選手にはスポンサーがついている。スポンサーにとって「水谷隼」は広告塔のひとつである。私はスポンサーの会社に行って事務仕事をしているわけでもないし、卓球選手としてそのスポンサーに「水谷と契約して良かった」と思ってもらいたいと常に考えている。スポンサーがついているからこそ、テレビや雑誌、ネットの取材を受け、メディアに露出するように対応する。現在、所属している木下グループ、長年用具を提供していただいているタマス、また他のスポンサーには大変感謝している。

2012年ロンドン五輪の後、自分のモチベーションがなくなった時には自らスポンサーとの契約を切った。何も言わなくても、スポンサーからお金は入ってきたかもしれないが、それは

自分自身が納得できないので契約延長をお断りした。

私は自分の信念を大事にしたいと思っている。中学生くらいから信念を持って卓球をやってきたつもりで、信念とは、自分の心に正直にしたがって生きていくことだ。

ロンドン五輪の後に私はどん底に落ちた。※ブースター問題で国際大会をボイコットしたり、「日本の男子は世代交代だ。水谷時代は終わった」とも言われた。落ち込んでどん底にいる時に兒玉圭司さん（明治大学卓球部総監督）に会って、気合を入れられた。

その時に、私は「誰も助けてくれない。良い指導者がいない」ということを兒玉さんに言った。普通はそういうことは言わないのだが、自暴自棄《じぼうじき》になっていて、兒玉さんに愚痴《ぐち》をこぼしたのだ。そうしたら、「隼、それはチャンスだな」と言われて、「なんだ⁉」と思った。

「誰も助けてくれないのなら、これからやることはすべてお前自身の手柄《てがら》で功績になるんだ」と言われた。それまでも自分ひとりでやってきたという思いはあったけれど、兒玉さんの話を聞いて、これからもひとりで生きていかなければいけないという決心がついた。

私がひとりで努力して活躍すれば、それはすべて自分の功績だと思えるし、そこで吹っ切れたので、ロシアリーグへの参戦を決めたり、邱建新コーチとの契約も決めた。それまでは、「ひとりでは強くなれない」「中国みたいに優秀なコーチは日本にいないから強くなれない」、という言い訳を周りにも言っていた。

ところが、兒玉さんに言われてからは、頑張れば自分の手柄になると思ったし、同時に今まで

※ブースター問題：ロンドン五輪のあと、ルールの「ラバーの後加工禁止」に違反する補助剤を塗っている選手がいることを国際卓球連盟に抗議し、アンフェアな状況で試合をしたくないと国際大会をボイコットした

明治大学総監督で㈱スヴェンソン会長の兒玉圭司さんからは、
貴重なアドバイスをいただき、どん底からはい上がることができた

は頑張りが足りなかった、努力が足りなかった、もっともっと頑張れたはずだと感じた。

それまでは水谷隼という選手は自分の檻《おり》に入ったまま、行動せずに、檻の中をウロウロしていただけなのかと少なからず反省した。結局、周りは助けてくれるフリはするけれども、誰でも自分の身がかわいいから、リスクを追うような選択はしない。

確かに自分をサポートしてくれる人や、応援してくれる人はいるだろう。その人たちに感謝しつつ、自分で生きる方法を見つけ、自分で道を切り開いていくことが「真のプロフェッショナル」なのだろう。

4-8

冷静な勝者と、弱気と迷いの敗者。

7―10から逆転したことが100回あるとすれば、10―7から逆転されたことも100回ある気がする

負ける人は顔の表情や仕草《しぐさ》にそれが表れる。調子が悪そうな表情であったり、弱気な表情や迷いのある表情、相手が「点を取れません」というような表情を見せる時は、私は負けない。中には「死んだフリをする」選手もいるが、そういう選手でも雰囲気やオーラは消せない。死んだフリをしていても、オーラが消えていなければ、一発逆転を狙っているので、こちらも油断はしないし、死んだフリの仕草にだまされてはいけない。

もしも、相手が「これはダメだな」という弱気な表情や仕草を見せたら、そこでゆるめないで、徹底的に攻めて、相手を敗北に追い込むことが必要だ。

2012年1月の全日本選手権決勝で吉村真晴に負けた時も、最終ゲーム10―7になった時に油断してしまって逆転されたし、翌年の丹羽孝希との決勝でも、ゲームカウント3―2の6ゲー

2012年1月の全日本選手権。吉村真晴との決勝で、
最終ゲーム10－7から逆転負けを喫した筆者

ム目、3—0になった瞬間に油断してしまった。

その時、勝てるんじゃないか、勝ちたい、早く1本がほしいという心理が動いて、それが油断となり、痛い目にあった。それ以降は、大きな試合では同じ失敗を絶対繰り返さないようにしている。

ただ、振り返って考えれば7—10から逆転したことが100回あるとすれば、10—7から逆転されたことも100回ある気がする。その逆転された100回を大舞台でやらないことが大事なのだ。

負ける選手は接戦で無謀なことをするが、優勝する選手は無謀な攻めはしない。

勝つ選手は常に冷静である。焦って打つこともないし、どんな場面でも冷静にプレーしている。常に勝つ選手というのは、たとえば10–10、11–11という場面でいきなりハイリスクな戦術は選択しない。

がむしゃらなプレーをする選手、ハイリスクでイチかバチかの勝負をしている選手はある意味、勝負から逃げている選手だと思う。トーナメントで上に行く選手というのは、競れば競るほど冷静だし、中国選手でも冷静に試合をしている。冷静に戦うというのは、接戦の時に最も得点できる確率の高い戦術を使うということである。

2014年世界選手権東京大会の団体戦でオフチャロフに勝った時には、あえて自分の本来の型を崩した。ハイリスクな攻めもあったし、ミドルからサービスを出して意表を突いた戦術を使った。それまでオフチャロフには同じパターンで負けていたし、当時は相手のほうが強いと感じていたので、型を崩さないと勝てないと思った。相手が格上の時には、ハイリスクで型を崩した戦い方が有効となることもある。

15歳の時、荘智淵《チュアン・チーユアン》（チャイニーズタイペイ）に2005年世界選手権上海大会で勝った時には、最後は10–9の場面で台上でパワーフリックをした。これもハイリスクな戦術を選んだケースだ。そこに絶対サービスが来るとわかっていたので、周りからはハイリスクに見えたかもしれないが、それが最も有効な攻めだった。

第5章

競り合いで勝つための発想を変える戦術

5-1

競り合いの中での相手の心理と癖を見抜く。

9—9、10—10で相手がやってきた戦術を記憶する。競り合いになると誰もが無意識でやることがある

卓球にはセオリーがある。このサービスを出したら、こういう回転で返してくるというようなセオリーがあり、自分はできるだけそのセオリーに逆らうような返球を心がけているのだが、たとえば馬琳（2008年北京五輪金メダリスト）は、そのボールの回転を利用しながらも全く予想できないような、セオリーを無視した回転のボールで返球してくる。馬琳のマネはできる気はしないが、参考にはしたいと考えている。もちろん、それは技術とメンタルの裏付けがないとできない。

この選手に対してはこういう技術やボールが有効だ、こういう場面でこの選手はこう動くだろう、こういうボールを打ってくるだろう、というように、相手選手の特有の攻め方や心理を考えると戦術が読みやすくなる。

つまり競り合った場面での戦術は「ひらめき」ではなく、経験を積み重ね、メモを取って記憶しておく。それがとっさの場面で役に立つ。今まで何千人という選手と試合をして、このコースにこういうボールを送れば、こう返ってくるという確率が頭の中に入っている。それにプラスして、特定の選手に対しては、心理的な要素を付け加えて、この相手ならこの状況で、この技術をやってくるという読みを発揮させることができる。

リオ五輪の団体準決勝のドイツ戦。ボルとの試合で1ゲーム目、10―9でボルのサービス。勝負どころでボルのサービスが台からワンバウンドで出るのを読み切り、ハーフロングサービスをフォアドライブで狙って得点。同様に3ゲーム目の11―10のマッチポイントでもボルのサービスを狙った。選手には競り合いの時の癖がある。ボルの場合、ハーフロングサービスでも、わずかに台から出るから狙うことができる。彼の癖を知らない選手なら、たぶん狙い打ちできないサービスだった。

サムソノフ（ベラルーシ）はロングサービスを出す時にバックへ2本連続ロングサービスが来る。いつ出してくるかはわからないが、まず1本のロングサービスが来ると、それをこちらが強打したとしても、またロングサービスが来る。だからロングサービスが来たら、もう1本ロングサービスが来ると予測していく。

世界のトップ選手というのは誰でも試合での戦術に傾向があるから、それをできるだけ記憶していく。おそらく中国選手は「対水谷のセオリー」をたくさん持っているはずだ。なぜなら、初対戦の若手の選手でも、他の選手と同じような戦術で攻めてくるからだ。こちらがやろうとしていることを相手に読まれていると感じる時がある。

2010年のモスクワでの世界選手権団体戦で、ボルとの試合で2─1とゲームをリードした場面。5─2の時、ドライブでのラリー戦でボルのミドルにバックから打ったドライブに対して、ボルは私のフォアへカウンターを打ってきて打ち抜かれた。これは実際にコートに立ってボルと打ち合っていると、ラケットをオープン気味にしてテイクバックしているので自分のバックへ打たれると思い、バックサイドへ動き出そうとして、その瞬間に逆にフォアを狙われて打ち抜かれたケースだ。このボールはボルの左利きに対する決め球である。彼とは何度もやっているのに、こういうラリーでいつも身体が反応して引っかかってしまう。

ボルの対右利きでの決め球は、彼がバックサイドにいて右利きのフォアドライブと引き合いになった時、ボルがシュートドライブでバックストレートに打つボールだ。打球点を落としたら打てないが、高い打球点で打つ場合は、このシュートドライブは決定率が高い。このように、それぞれの選手には自分の得意球、そして癖がある。

どんな選手でも競り合いの時に何をやるかというのは、無意識の中で決めている。自分が対戦した相手の得意、弱点、癖のメモを取っていけば、次の対戦の時には役に立つ。できれば「9─9の時、10─10の時にこういう戦術を使った」というのを記憶しておけば、次の対戦の時にそれを待っておけば良い。

ボルは対右利き用と対左利き用に得意球を持っている

戦い方というのは0―0から11本を取るまで同じようにはできない。試合の序盤、中盤、終盤の勝負どころで戦い方を変えなければいけない。序盤で相手の戦い方を観察し、中盤で試合の流れを見ながらプレーしていくと、相手の特徴が見えてくる。試合が進んでいって10―10くらいになれば、ある程度相手の特徴に合わせたプレーに的《まと》を絞れる。

許昕は競り合いになるとフェイントが多くなる。こちらが横回転サービスやYGサービスを出すとフェイントを入れてくるので、そこで何もさせないようなシンプルなサービスを出すか、逆にそれまで出していないサービスや技を出して、彼のフェイントを封じる。

張本（智和）も勝負どころでチキータをしてくるので、それを読んでおく。チキータをさせないサービスを出すのだが、それでもやってくる可能性がある。バックへ長いサービスを出すか、もしくはフォアへハーフロングのサービスを出す。普通にサービスを出したら、張本はほぼ100%チキータをしてくると読んでおく。

選手というのは競り合いになれば、自分の得意な技術や戦術を使おうとするので、今までの記憶を呼び戻して相手のやってくることを予測することが重要だ。

5-2

たまたま負けることはない。負けるだけの理由がある。

敗戦直後は何か言われても耳には届かない。試合直後ではなく、冷静な時に反省と分析をすべきだ

試合は勝つこともあるが、負けることのほうが多い。

勝った負けたという結果だけでなく、勝因が存在し、負ける理由もある。

「今日の戦術は悪いな」という敗因は試合で負ける間際《まぎわ》にわかってしまう。試合が終わった瞬間というのは感情が入り、冷静ではないので、直後に反省や分析をすることは難しい。負けた試合で「今日はよくやった」とは選手自身は思えないはずだ。敗戦直後に、コーチが選手を責《せ》めるように敗因を挙げ連《つら》ねても、実は選手の耳には届かない。少し時間を空け、お互いが冷静になってから敗因を分析するのが良いだろう。

試合で負けるとしても、私自身、0―4で完敗するケースはそれほどない。1―4、2―4など、ゲームを取ることもあるし、その中で9―11や、ジュース（デュース）、競り合いの展開も

ある。たとえば「0―0からの出足が悪かった」という反省があれば、ホテルに戻ってから反省点をメモしておく。卓球はメンタルが重要なスポーツなので、強気で行ったのか、弱気で行ったのか、凡ミスをしたことなどを試合後に反省しよう。

スポーツの勝負というのは、すべては結果論だから、試合中はそれが正しいやり方だと思っていても、点が取れないで負けたとすれば、それは反省すべき点であり、改善しなければならない。たとえば、ジュースになって思い切ってサービスで勝負にいったとしても、それで相手が得点したら、結果として「あの場面であのサービスの何が良くなかったのか」と反省・分析しなければいけない。

試合で「たまたま負ける」ことはない。1ゲームをたまたま落とすことはあるけれど、5ゲーム、7ゲームを戦って、「たまたま負ける」ことはない。そこには試合で負けるだけの理由がある。

ただし、試合には流れがある。調子が良くて正しい戦術を使っていたのにもかかわらず、流れが悪くて勝てない時はある。

たとえば、自分がサービスを出して、相手がレシーブミスをした。直後に、審判が「レット」とコールする。ネットインしてないのは明らかなのに「レット」と言われ、1点を失う。これは選手なら誰でも経験することだけれど、接戦の状況でこういうことが起きるとショックは大きく、そういうケースが続いて、試合で勝てないことがある。

また、相手をロビングに追い込んでいて、自分が点を取れる場面なのに、隣のコートからボールが飛んできて、「レット」ということもある。これらは目に見える流れの悪さであるが、その逆のケースも卓球の試合にはある。

２０１７年１月の全日本選手権大会の準決勝で平野友樹とやった時には０―２で負けていて、３ゲーム目まで相手のネットインやエッジボールが多くて、「これは流れが相当に悪いぞ」と思いながら試合をやっていた。３ゲーム目の１―４でタイムアウトを取って、その後、自分のボールがネットインしてから、試合の流れが変わって、相手のラッキーポイントがなくなった。

アンラッキーなポイントが続いたら我慢するしかない。試合を投げ出したら完全に負けてしまうが、「これは自分が試されているんだな」と考えて我慢するしかない。

試合の中盤、ラリー戦で相手の凡ミスによって得点して、試合の流れが変わることもある。相手がチャンスボールをミスしたり、サービスミスしたり、自分がラッキーな得点で１点取ったことで、次の１本を思い切りよく攻めていくことができる。そこで得点できれば、２点（ラッキーな点と次の点）が入るので、試合の流れを変えることができるのだ。

流れを自分に引き寄せるためには、「大事なところで凡ミスをしないこと」「良い戦術を使うこと」「思い切ること」。この３つで卓球の勝負は決まる。

5-3

2点差のゲームの戦い方。

効いているサービスを最後に使えば相手は読んでくるので、逆に相手のレシーブを狙っていく

卓球の11点制の試合では2点差の展開がポイントになる。

ゲームが11—9で終わるとか、8—6、10—8、9—7という2点差の展開が多い。11点制になってサービスは2本交代なので、レベルが近い者同士の対戦ならば、点数はさほど離れない。昔の21点制で5本交代のサービスとは違い、サーバーもレシーバーも一気に点差を離しにくく、競り合いになることが多い。

ゲームの8点を過ぎた勝負どころでは最も点数の取れるサービスを出す。そのためにゲームの序盤では相手の様子や弱点を探るサービスや、終盤に向けて調整するようなサービスを出す。8—8や9—9で回ってきたサービスがゲームを決するのは当然だ。

何度も試合をやっている相手で、お互いを知り尽くした相手でも、必ず効くサービスはある。

すべてのサービスに対して完璧にレシーブできる選手はいないからだ。あとは、その時のひらめきで、ジュースになって初めて、その試合で使っていなかったサービスを出したりする。

たとえば、フォア前へのサービスがよく効いていたゲームが、ジュースまでもつれた。相手は当然、私がそれまで効いていたサービスを使ってくると読んで、そのフォア前へのサービスをチキータしようとする。その時に、チキータを避けるためにバックへロングサービスを出すことも戦術だが、あえて相手にチキータをやらせて、それを狙っていく戦術もある。

たとえば、2010年のモスクワでの世界選手権団体戦、ボルとの試合の最終ゲームで4―6から6―6に追いついたところで、ミドル寄りのバックにサービスを出した。この場面で、ボルがチキータしてくるのを読んでいた。なぜなら、それまでの何十回という対戦で、「勝負どころでボルにショートサービスを出すとチキータをしてくる」という経験がインプットされていた。

案の定、6―6という勝負どころでショートサービスを出したらストレート（私のフォア）にチキータをしてきたので、それをフォアのカウンタードライブで狙い、そのラリーの主導権を奪い、得点した。

その試合でボルがチキータをしたのは初めてだったかもしれない。それまでやっていなくても、勝負どころでチキータしてくるのはわかっていたから、わざとミドル寄りにチキータをしやすいサービスを出して、チキータをさせて狙ったケースだ。

5-4

やり慣れた相手との試合は競り合いになる。

全日本選手権での岸川戦、最終ゲーム4―8からの流れを変えたバックサービス

2009年1月の全日本選手権準々決勝で、当時ダブルスのパートナーだった岸川聖也さんに最終ゲーム4―8から逆転して勝ったことがある。絶体絶命のピンチで、その試合で初めてバックサービスを使った。流れを変えなければいけなかった。岸川さんはやり慣れている相手でフォアサービスが読まれていたので、大会前に練習していて自信のあったバックサービスを使った。

もちろん得点を狙うためのバックサービスというよりも、流れを変えるバックサービスだった。フォアサービスとバックサービスでは、相手はレシーブの構えも変えてくるだろう。また、こちらが急にバックサービスの構えをした瞬間に、どんなサービスが来るのかを考えるだろう。

相手にレシーブの構えを変えさせ、瞬間的にいろいろなことを考えさせることによって、相手

に向いている流れを変えたかった。やり慣れている相手でも必ず弱点はあるのだから、そこを突いていく。フォアが強い選手はバックが弱点だったり、チキータのうまい選手は他の台上技術がさほどうまくないこともある。誰でも苦手な部分はあるのだから、そこを突いていく。

ふだんよく練習をやっている選手にはサービスは読まれやすいし、当然ラリーにもなりやすい。自分が決めにいく3球目や4球目のコースがわかっているので、返されてしまい、タフな試合になることが多いことを覚悟しよう。

岸川さんはサービスの種類がそれほど多くないので、私はまずレシーブでフォア前に止める。まずは返球のバリエーションが少なくなるフォア前を狙い、フォア前を警戒させてからバックを狙う作戦だった。

また、フォア前に良いストップができた時には次はバックへ長く来るのでそれを狙っていた。これは弱点ではなくて、癖だ。癖は誰にでもある。当然、相手もこちらの弱いところは知っているのでどうしても競り合いになる。相手が何を考えているのかを常に考えて試合を進めなければいけない。ボールのコースもお互いがわかっているので、手の内を知る相手との対戦では最後はちょっとした「思い切り」で勝負は決まることが多い。

2009年1月の全日本選手権準々決勝の岸川聖也戦。手の内を知り尽くした相手に対して、
最終ゲームの4-8からバックサービスを使って流れを変えた

5-5

誤審を受けた時の態度。

「さっきまでと同じサービスを出しているのに、なぜこのサービスがフォールトなんですか」と審判に質問をする

２００９年世界選手権横浜大会の男子ダブルスで、シンガポールペアと対戦した準々決勝。6ゲーム目8−9の時、私の打ったボールがエッジで入ったのに「サイド」と判定され、8−10になった。抗議で10分ほど試合が中断したが、3、4分くらい経った時に、点数は変わらないだろうから、試合再開に向けて心の準備をしていた。そこで「5−10から8−10に追い上げたつもりで頑張ろう」と岸川さんに声をかけた。結果、その試合に勝ち、世界選手権では日本勢として12年ぶりの男子ダブルスのメダルを獲得した。

審判の誤審によって、怒ったり、ふてくされても自分が得することはひとつもない。もし微妙な判定で、対戦相手が内心、「今のは自分のミスで相手（水谷）の得点だ」とわかっている時には、こちらがクレームを入れることで対戦相手は動揺する。対戦相手が判定をごまかしている時にそ

2009年世界選手権横浜大会、男子ダブルス準々決勝。筆者が打ったボールはエッジをかすめたように見えた。主審に抗議する筆者と岸川聖也

の相手に対して「今の入りましたよね?」と聞いて、クレームを入れる。対戦相手はこちら（水谷）の得点だとわかっているから動揺するのであって、そういう心理面の揺さぶりで試合の流れが変わることもある。

于子洋《ユ・ズヤン》（中国）と対戦した2014年ジャパンオープン決勝の3ゲーム目でも誤審を受けた。于子洋の打球がオーバーミスとなり、彼も「ミスした」という表情を見せたのに、副審が「エッジ」と主張した。主審は最初、私の得点にしたのに、副審のエッジという判定で覆り、結局、相手の得点になった。あとで映像を見ても、明らかな誤審だった。その時、冷静にプレーしようと心がけていたつもりだったが、試合再開後に私はサービスミスして、崩れてしまった。これは自分が未熟だったという例

2014年ジャパンオープンの男子シングルス決勝。于子洋のフォアドライブは明らかにミスだったがエッジと判定。筆者は抗議するも判定は覆らず、この後、精神的に崩れてしまった

だ。

試合では、審判の個々の感覚によって「フォールト」(サービスミス・失点)を取られるケースがある。全く同じサービスを出しても、勝負どころでフォールトを取られる理不尽《りふじん》なケースがある。そういう時には審判に対して、「さっきまでと同じサービスを出しているのに、なぜこのサービスがフォールトなんですか」と質問をする。

それによってフォールトの判定が覆ることはないが、自分の考えははっきり言うべきだ。全部同じようなサービスを出しているのに、審判の感覚で突然フォールトを取られるのは、選手としてはつらいものだ。

5-6

競った場面でサービスミスをしたら「チャンスがくる」と思え。

ラッキーポイントで
相手の心にスキが生まれるので、次を狙う

競った場面で自分がサービスミスをしたら、普通の選手であれば「うわ〜、もったいない、損した」と思うだろうが、私は、逆に「ラッキー」だと思うようにしている。

通常なら、こちらがサービスミスをしたら、「あっ、やってしまった」と思い、相手は「ラッキー」と喜ぶ。今年（2020年）のドイツオープンのベスト8決定戦で林昀儒《リン・ユンジュ》（チャイニーズタイペイ）と対戦した時も、最終ゲームの8—8でサービスミスをして8—9になったが、結局、12—10で勝った。8—8でのサービスミスは痛いけれど、相手がラッキーと思い、スキが生まれ、そこにつけ入るチャンスが生まれる。だから競り合いでサービスミスをして「しまった」と思っても、すぐに「これはラッキー、チャンス。相手にスキが生まれる」と考えたほうが良い。

もし競った場面で自分がロングサービスを出してミスをしたら、「相手はショートサービスが来ると考えるだろうから、もう一度ロングサービスを出そうか」と考える。そこでは相手との心理的な駆け引きが始まる。一方、相手がサービスミスをしたら「ここで気持ちを引き締めるんだ」と自分に言い聞かせることが大事。そして、「相手がサービスミスをしたら、次はリスクの低いサービスで来るだろうから、それを狙おう」と決めている。

試合中にネットインやエッジボールが続くこともあるけれど、そこではイライラせずに我慢するしかない。ネットインやエッジボールは、運が悪いとしか言えない。相手にそれだけ運があるということは、自分にもその後、ラッキーポイントが訪れる可能性もあると考える。ネットインやエッジボールは自分でコントロールできないのだから、熱くなりすぎずに冷静に試合を続けるのが得策だ。

第6章

卓球は究極の対人競技

6-1

274cmの台を挟んだ究極の心理戦。

相手の心理を読み、自分の心理を隠し、
その中での得失点を争う

卓球は対人競技である。対人競技の面白さは心理的な駆け引きがあること。特に卓球というスポーツは究極の対人競技だと思う。274cmという卓球台を挟んで打ち合う球技だが、この距離だと相手の表情も指の動きもすべてが見える。

相手がサービスの時に緊張で指先が震えるのも見ることができるし、苦手なところを突いて、顔をしかめる目の動きや口の動きさえ見える。つまり、相手の心理を読み、自分の心理を隠し、その中での得失点を争う対人競技なのだ。

マラソン、短距離走、水泳などのスポーツは記録との戦い、自分との戦いになる。一方、対人競技というのは、自分はもちろん良いプレーをしなければいけないけれど、コンディションが良くなくても相手を打ち負かすことができる。

逆に、自分の最高のプレーをしても負けることもあるし、自分が良いプレーをして相手の良いプレー封じるという面白さ、奥深さが卓球にはある。そこには運の要素も入ってくる。対人の団体競技もあるけど、卓球は対人の個人競技であり、精神的にもハードで、コートに立てば誰も助けてくれない。一対一の戦いであり、横やりが入ることなく自分で勝負を決められるスポーツであり、純粋にどちらが強いかわかるところが好きな点だ。

団体競技なら、自分のせいではなく、誰かのせいで負けることがある。負けた悔しさも分かち合えるが、卓球は結果がすべて自分に返ってくるし、悔しさも全部自分で受け止めなければならない。卓球には、団体競技のスポーツ選手にはわからない、難しさ、つらさ、うれしさが存在するのだ。

記録を争う競技なら、優勝できなくても、自己ベストが出せれば評価され、満足することもあるだろう。しかし卓球ではドロー（組み合わせ）によって、いきなり強い選手と対戦し、1回戦で負けることもある。これは卓球ならではのプレッシャーだろう。結果を残さなければ評価されない。逆に、結果が良ければ、どんなドローでも、どんな大会でも評価はされる。

自分の調子が悪くても、相手がもっと調子が悪かったり、故障を抱えていたりすれば勝てる。コートに立ったら、いくら自分の調子が悪くても、故障をしていても誰も助けてくれない。負けてもそれは言い訳にしか聞こえない。誰かに理解をしてほしいという思いはあっても、現実はそうはいかない。

全日本選手権で10回優勝している私は「対人競技のスペシャリストだ」と自負している。相手の考えや気持ち、次に何をしてくるのかを読む能力は秀《ひい》でていると思う。マジシャンでも人間の心理を読むテクニックがあるけれど、卓球もそういう心理を読んでプレーすることが必要だし、自分は「相手の心理を読むエキスパート」なのだ。

私自身、高校生くらいから相手との読み合いが楽しいと思っていた。小さい頃は自分も未熟だから、相手の心理は読めない。逆に経験のある大人は、子どもの水谷隼が想定していないことをやってくる。想定外のことをやってくるので毎回驚く。ところが、経験をたくさん重ねていくと、自分が相手の範疇《はんちゅう》の外の技術、戦術ができるようになったことに気づくようになる。

私自身、ゲーム性のある勝負事は何をやってもうまくできるという自負はあり、感覚を身につけることができるし、特徴を見抜く力がある。だからこそ、トップ選手のフォームのわずかな癖から、その選手の長所や弱点を見抜くことが得意なのだ。

6-2

初対戦の相手に対する勝ち方。

出足で相手の心をへし折るような作戦で心理戦に持ち込む

選手には初対戦に強い人と弱い人がいる。私は若手の中国選手と初めて対戦する時にはほとんど勝っている。初めて対戦する選手に対する作戦としては、まず、試合の出足で精神的に揺さぶることが重要だ。全日本選手権でも初戦や2戦目の相手は、初対戦の選手というケースが多い。相手は水谷とやるということでイチかバチかの勝負を仕掛けてくる。そこは予測しながら、私は精神的に相手を揺さぶる。

試合のスタート直後に相手が見たこともないサービスや攻め方を使って、相手を揺さぶり、「これはかなわない」と思わせるのだ。ほとんどの選手が世界のトップ選手のサービスを経験したことがないだろうから、それを見せることで、まずは驚かせて、主導権を奪う。全日本選手権で13年連続決勝に進出できたのは、初戦や早いラウンドで負けないからだ。1ゲーム目から相手の心をへし折るような戦い方をすることが肝要だ。相手が中国選手だとレベルが高いし、分析もされているので、そういう場合は相手が想定していない戦術を多く使う。たとえば、ロングサービスをいきなり2本連続、3本連続で出すとか、フェイントを多く入れるようにする。

初対戦の相手に弱い選手というのは、自分のプレーをしたがる選手である。対人競技の卓球では、常に自分の得意なプレーはできないと思うべきで、相手もこちらの得意なプレーをさせないようにしてくるわけだから、そういう時に自分のプレーにこだわりすぎると試合では勝てない。自分のやりたいことだけにこだわる選手だと、自分が使うメインのサービス、レシーブ、技術を封じ込められると何もできなくなってしまう。サービス、レシーブに多くのバリエーション（種類・多様性）を持っていれば、その局面を打開できる。

初対戦の相手の癖や弱点を見破るためには、まず相手の表情や動作を注視する。たとえば、こちらがYGサービスを出して、相手はラケット角度が全く合わずにミスをしたとする。その瞬間、相手が「しまった」「なんだ、このサービスは」という表情をすれば、「この相手はこういうサービスを受けたことがないんだな」と感じるので、そのYGサービスを大事なところで出していく。それはサービスだけでなく、レシーブやラリーの時のコース取りでも同様のことが言える。

中・高校生で多いのは、得点すると大騒ぎして喜びを表現する選手だ。それは相手の動作や表情を見落とすことになってしまう。また、5―8でリードされて、相手が得点して5―9になった。その時に、相手の表情がゆるんだら、それは自分がつけ入るチャンスだと思えばいい。

6-3

試合の前半ではいろいろなサービスや攻め方を使う。

相手の弱点をどのように見抜くのか、どのように試合を組み立てるのか

試合では初対戦の相手であれば、まずは試合前の練習の時から情報収集を始める。たとえば、フォアドライブは遅いのか、速いのか、回転量はどのくらいあるのか、取りづらい球質なのか、取りやすいのか。

次にバックドライブ。特にヨーロッパ選手はボールに癖があり、球質が一人ひとり違うし、予想以上に回転がかかっていたりする。そういう選手の場合は最初にバックには攻めないで試合を組み立てるが、もしフォアの威力がある選手ならバックを攻める。初対戦の選手でも試合前の練習である程度の情報収集はできる。

試合が始まってから相手を見定めていくのは、まずサービス、レシーブだ。最初にいくつかのサービスを出して、相手が自分のサービスの何を嫌がっているのかを探る。そのために1ゲーム

目にいろいろなサービスを出す。1ゲーム目を取りにいくというよりも、探りのために1ゲーム目を使う。サービスを出して、相手が取りづらそうにしている、嫌な顔をしているとか、単調なレシーブになっているかどうかを厳しくチェックする。

レシーブでは、相手の1球目のサービスに対して、まず自分の感覚で返球する。このスイングならこのくらいの回転量だろうという予測を立て、返してみる。その判断が正しければ、その試合ではそれを通せば良いし、もし自分の予測よりも回転量が多いのであれば、次からラケット角度を調整する。相手が下回転を出してきたらストップするし、上回転を出してきたらフリックする。コースにしても、相手のスイングでコースを予測して動き出すが、予測外のコースに来るならそれを頭の中にインプットする。

初対戦の相手は、初めて受けるサービスや自分が驚くようなボールが来ることが多い。自分の中で一番恐れているのは全力で1ゲーム目を取りに行って、落とした時にその試合が取り返しのつかないことになってしまい、2ゲーム目から焦ってしまうことだ。だから、1ゲーム目は余裕を持って、しっかり相手の弱点の情報収集をしようとする。余裕があれば、仮に1ゲーム目を落としたとしても、2ゲーム目からは焦らずに戦うことができる。

初対戦の相手に対して、驚いたり、慎重になる部分もあるけれども、それは相手も同じだ。相手の予測していないサービスや攻め方をすると同時に、自分も急いで目の前の1点を取りに行くことはしない。

試合の前半では相手を驚かせたり、相手の弱点を探るために
いろいろなサービスを出していく

下回転サービスを出し、相手がネットミスをしたら、次のサービスでナックルサービスを出せば相手は浮かせてくるかもしれないが、そこであえてロングサービスを出すことによって、相手の予測を余計に攪乱《かくらん》させ、それが2ゲーム目以降も効果を発揮するというやり方もある。いろいろなことを序盤でやっておかないと試合後半では思い切ったことができなくなる。

順横回転サービスばかり出していたら、後半の大事なところではYGサービスは出せないし、レシーブでチキータばかり使ってしまうと、後半にほかのレシーブができなくなる。そのためにも前半で自分がやれる戦術を試しておかなければいけない。

6-4

相手の癖や弱点を見破るコツ。

ミスした時の表情を注視する。嫌なところを突いたら表情は変化する

卓球の醍醐《だいご》味《み》であり、難しさというのは、守っていても得点できることだ。ここは面白い部分でもある。卓球において攻めることが得点の近道であることは間違いないが、守っていても得点できることが卓球の特徴だ。

サッカーでは守っていてゴールを決めることはできない。野球では、守ることと攻めることはイニングでの表と裏でスイッチする。テニスでも守って得点できることはない。卓球だけは、カットマンのようなプレースタイルがあり、鉄壁のブロックがあれば得点できる。

そこが卓球の奥深さであり、面白さでもある。卓球においても攻めることが大事だが、防御が最大の攻撃、のような部分もある。攻めることはリスクを伴《ともな》うし、卓球で天才的な選手というのは守備がうまい選手でもある。守備がうまいということは、卓球をよく知っていることを意味す

る。私も小さい頃からミスをしないことを心がけていた。

中国選手は守備力が高い。彼らは攻撃も強いけれど、守備が強いことがプレーのベースになっている。今の中国選手は甘いボールがない。守備といっても、当てるだけのブロックは少なく、甘いボールが来ないので次を攻められない。馬龍と試合をすると、自分のプレーが完全に読まれている雰囲気を感じる。見透かされている感じがする。競った時に待ちをはずされたり、私がやろうとしていることを読み切っているんだろうなと、自分が過剰に思い、自滅してしまうこともある。

一度対戦したことのある選手なら、サービスはここに来るだろう、レシーブはこう返してくるだろうと予測し、戦術を組み立てる。まっさらな状態で臨むことはなく、戦い方を固めてコートに立たなければいけない。

また、いくら強い相手でも「この試合は最終ゲームまでもつれ込むだろう、最後の最後でこの作戦をやろう」という考え方はしない。

試合前は常に1ゲームを与えずにストレートで勝つことを目指して戦うが、1ゲーム目を先取された場合は、それまでの自分のやり方が間違っていたわけだから、次のゲームで修正する。追いかける展開だとしても、最終ゲームのことは考えない。それは最終ゲームに入る前のゲームが終わってから考えれば良い。最初から最終ゲームを見据えて戦うということはしない。

競った時には相手の仕草、表情、そしてベンチの表情を注視する。同時に、相手が自分のこと

2014年1月の全日本選手権大会の決勝で町飛鳥に勝ち優勝した筆者。
「理想のゲーム」ができた

をどう考えているのかを予測する。

2014年1月の全日本選手権決勝。町飛鳥と対戦した時に1ゲーム目の10—9の場面で、YGサービスを出した。その試合では、その1本しかYGサービスは出していない。町のレシーブは甘くなり、3球目で決めることができてゲームを奪い、試合の流れを自分のものにした。町はこちらの攻め方を読んでくるので、後半ではYGサービスはあえて使わなかった。

競り合いになると、相手は「水谷はこの場面でいろいろ考えて賢くやってくるだろう」と予測することが多く、そこで意表を突いた作戦を実行しても、相手はそれさえも読んでいることがある。そこまで私のことを考えていない相手なら、それまで出していないサービスを出す。

相手の癖を知ることは大切であり、試合の中では得点を狙うセオリーというものがある。一方、試合中に自分のことをよく知ることも大切だ。

試合をやっていて、フォア前に横下回転のサービスが来たら、相手のフォア前にストップをするのがセオリーだ。その打球する瞬間に、「あれ、オレ、今無意識にフォア前にストップしようとしていたな」と自問自答する。もし自分が無意識にそれをやっているとしたら、それは相手に読まれている可能性がある。

すべてのポイントではなく、数本に1本でも良いから、プレーを自問自答する。それは練習中でも同じだ。考えるということが反省につながる。何本かに1本は試合でも練習でも、自分に問いかけるようにする。自分が無意識にやることが「癖」になっている。癖というのは相手に読まれる。無意識にやっていたことを、意識して変えることで、相手の読みをはずすことができる。

そういうことを試合でも練習でも意識することで、自分の悪い部分が見えてくる。「あっ、オレ今無意識にこのコースに打ってしまった」というように、自分が見えてくる。相手のことを意識して、分析したり、読むことも重要なのだが、それと同時に「自分を知る」ことに意識を向けることが大切だ。感覚だけで、自分の卓球を判断してはいけない。意識しながら練習と試合を行うことで、自分の癖を見つけて、修正していくことができる。

セオリーだと思ってやっていた技術や戦術が無意識のうちに自分の中に刷り込まれてしまうと、それが「自分の癖」として相手に読まれることもあるのだ。

6-5

試合の流れを感じる時。

卓球には試合の流れをつかむ面白さと怖さがある

卓球という競技は、274cm（卓球台の長さ）という至近距離で行う球技で、相手の表情や仕草がよくわかり、そこには心理的な戦いもある。

私自身は小さい頃にはソフトボール、サッカー、卓球を同時にやっていて、卓球が一番奥深くて、自分に合っていた。チームスポーツだと、自分がどれだけ才能があってもチームが弱かったら上に行けない。チームの強さは自分ひとりではどうにもできない。他のスポーツをやっても自分はうまかったと思うけれど、団体競技では自分自身が埋もれてしまうと感じていた。

私はすべてにおいて駆け引きが好きな人間である。たとえばスポーツでなくても、誰かと話をしていて、何か自分の発した言葉でその場の空気が変わるのがすぐにわかる。それはまるで職業病のようなもので、その場での相手の戸惑《とまど》い、怒り、喜びを一瞬に察してしまうことができる。

卓球の試合の中で「あ、負けそうだ」とか「これは勝てる流れだ」というのがわかる時があって、それは日常でも感じてしまうことが多い。卓球は記録競技ではなく対人競技で、人間同士が駆け引きしているので、試合中にそういう流れが生まれる。そこが面白い部分でもあるし、怖い部分でもある。

また実際には気を抜いていないのに、「油断した」と思う時がある。そういう試合の流れになると、流れを取り戻せなかったりする。

リオ五輪の団体決勝2番での許昕戦の時には最終ゲームで2－6とリードされていて、私のレシーブが相手のバックサイドに浮いた。「これはやられた」と思ったら、許昕がミスをした。許昕がため息をついて、「やっちゃったよ」と天を仰ぐ様子が見えた。私はその瞬間、フッと笑いがこぼれた。「これはチャンスが来た」と感じた。「これは流れがオレに来た。行けるぞ」と。大舞台で流れが変わった瞬間だった。結局12－10で逆転勝ちした。

大事な試合になればなるほど、選手というのは「熱」を発する。お互いがその熱を感じる。その熱によってお互いがバリアを張って、相手がその中に入ってこないようにする。ところが、2－6でミスした時、許昕のバリアに一瞬穴が開いて、そこに私は入り込むことができた。その入り込むスキがなければ、3－6から5－8くらいの流れになり、そのまま敗れただろう。

自分に有利な流れになったら、流れに沿っていけば良い。自分からは仕掛けなくても、その流れに乗っていけば良い。こういう「試合の流れ」や「相手から感じる気」というのは、理屈では説明できない。いわゆるアスリートが体験する「ゾーン」というのもある種の「流れ」なのだ。

スポーツの世界では「気合」「やる気」「気勢《きせい》を削《そ》ぐ」とか、「気」がよく出てくる。つまり、心理やメンタルがスポーツの世界では重要ということだろう。

すべてが相手に読まれ、何をやっても自分の流れに持っていけないこともある。2012年ロンドン五輪が終わって、その後のドイツオープンでメダリストになったばかりのオフチャロフとやった時、彼はまさにそういう状態で、一生オフチャロフには勝てる気がしなかった。サービスを出せば全部チキータされるし、相手のサービスでは3球目で打たれて、何もできなかった。

しかし勝てそうもないと思いながらも、そこで反省する。なぜ勝てないのかと負けた原因を考え、どこかにつけ入るスキはないのかと探していく。その時にはチキータされないようなサービスにしたり、レシーブを変えることによってわずかな穴が見えてくることがある。その後、2014年世界選手権の団体戦でオフチャロフに勝つことができた。その試合でも「流れ」を変えたことが勝因となった。

6-6

ダブルスの戦い方。

ダブルスでは実力が落ちるほうの選手を徹底して潰す

ダブルスは組めば組むほどコンビネーションは良くなっていく。長くペアを組めばパートナーがレシーブをどこに打つのか、ラリー中にどこに打つのかがわかってくるので、その次のボールをこちらも待ちやすくなる。

ダブルスではふたりのうち、どちらかが弱かったり、実力が劣るので、その弱いほうの選手を徹底して潰《つぶ》すのがセオリーだ。その弱い選手に対して、YGサービスを混ぜたり、チキータで攻めたり、弱い選手が困るような技術を繰り出していく。

男子ダブルスでは岸川聖也さんとのペアで全日本選手権で5度優勝しているし、世界選手権で2度銅メダルを獲得している。私たちはミスをしないペアだったので、ラリーの中で弱いほうの選手を潰すことが得意だった。

世界選手権大会で二度メダルを獲得した岸川聖也選手とのダブルス。
台上処理やラリー戦で強かった（写真は2013年世界選手権パリ大会）

混合ダブルスであれば、徹底して女子選手を潰しにいく。女子に対してYGサービスやチキータで攻める。

しかし、中国ペアの混合ダブルスの場合は女子が強いから、まるで男子ダブルスとやっている気分になる。

過去に中国ペアに勝った時は、男子のほうが女子に気兼《きが》ねしたり、緊張して男子のほうがミスをしていたケースが多い。通常混合ダブルスでは7、8割は男子がリードしていくのだが、中国は男女で五分五分《ごぶごぶ》だからこそ強いペアになっている。

6-7

卓球は確率のスポーツだ。

トップ選手同士の試合では少ない弱点を針を通すようなコントロールで突いていく

私はダブルスだけでなく、シングルスでも確率で卓球をやっている。サービスの後の3球目や、レシーブからの4球目というのは、ヤマを張るので、確率は重要になる。トップ選手の試合はお互いの確率のせめぎ合いで、お互いの予測のはずし合いでもある。

卓球では頭を使ってプレーする部分と、頭を使わずに体の反応でプレーする部分の両方がある。ヤマを張っていないところにボールが来たとしても、練習をやり込んでいれば、そういう際に身体が無意識に反応する。その反応による返球の質を高めるには、練習をやり込むしかない。張本（智和）はそういう逆を突かれた時でもカウンターができる。まさに練習の賜物《たまもの》だろう。

トップ選手は相手の予測をはずしていくプレーをやる。世界のトップ選手にとっては相手が予測していないボールを送り、コースを突くのが当然の戦い方だ。それをお互いがやっていると思えばいい。誰もが少なからず弱点を持っている。トップ選手同士の試合では少ない弱点を針を通すようなコントロールで突いていく。

2018年世界選手権団体戦ハルムスタッド大会の韓国戦で李尚洙《イ・サンス》に対して2―1の4ゲーム目、8―0でリードしていたのに、逆転されてゲームを落とした。試合は3―2で勝ったけれど、8―0から8―4くらいになると焦りも出てくるし、メンタルがやられる。油断はしなくても8―0からひっくり返されることはあるから、「これも確率なんだ」と諦《あきら》めた。がっくりする必要はない。確率的には低いけれど、トップ選手同士でも8―0になることはあり得る。だから、8―0から逆転されることも確率的にはあり得る。

11点制では、5―0や8―0になることはよくあることだ。お互いが気を抜いているわけでもなく、全力でやっていてもこういうスコアになり、油断をしなくてもそこから逆転されることもある。

ワールドツアーではジュニア時代にチェコのボジスキーにゲームカウント3―1の5ゲーム目、10―2から逆転されたことがある。それを経験してからは10―2になっても油断しないようにした。次のゲームも6―0から逆転されて、結局その試合に負けてしまった。だから、よく10―0になったら相手にわざと1本あげる選手がいるけれど、私はそれをやらない。普通に点を取りに行く。11点制では1本の油断によって、瀕死《ひんし》の相手が息を吹き返すことが多いからだ。

2018年世界選手権団体戦。韓国との準々決勝2番で李尚洙に勝ったが、
4ゲーム目の8-0から逆転された

6-8

何度も対戦している相手との戦い方。

試合の流れは一瞬で変わり、勢いに乗じていく

私がドイツのボルと試合をすると、彼はＹＧサービスを私のフォア前に集中的に出してくる。他の選手とやる時にはいろいろなサービスを出しているのに、私との試合ではこれでもかというくらい同じところに出してくる。

お互いを知り尽くしていれば、試合ではいろいろなことをやるのではなく、徹底して弱点を攻め、そこからのラリー展開にするのがセオリーだが、ヤマを張らせないために違うコースにボールが来ることも多い。

私はボルに対しては、バックへのロングサービスを多用したり、相手のループドライブをカウンターで常に狙うというように、お互いが攻めるパターンを持っている。お互いの作戦が決まっているので、レベルが同じくらいであればその時の調子が良いほうが勝つことになる。

何回か対戦したことのある選手に対しても、前回戦った時の得点パターンと失点パターンは明確に覚えているので、その得点パターンから試合をスタートさせる。また劣勢の時、試合の流れを変えるため、ガラッと作戦を変えてあえて自分の長所を消すこともある。不利な形勢を変えるために、自分の得意なパターンでなくても相手の弱点を突くことによって、相手の得点パターンを封じて、勝利を呼び込むこともある。

選手の弱点というのは時間が経っても弱点のままで、弱点が長所になることはないが、弱点をカバーしていく方法はある。まず試合では自分が弱点を攻められたら絶対ミスをしないようにする。たとえば、バックハンドが自分の弱点だとすれば、そのバックハンドではミスをしない。そして相手が自分のバックハンドを狙っていると思えば、それを待ってバックハンドでカウンターしたり、ヤマを張ってフォアハンドで回り込んで強打する。何度も攻められたら、途中からはヤマを張って返すのではなく、もはや「必ず来るという確率」として狙いにいけばいい。攻めている選手は「相手が完全に待っている」と感じたら、別の戦術に切り替えるべきだ。

攻めるほうが相手の弱点を徹底して攻めるのは間違いではない。いくら待たれているとしても、その弱点を相手が急に改善することはできないので、攻撃の起点は相手の弱点からになる。

もし初対戦の相手なら、試合をやりながらお互いが相手の弱点を探す展開もある。もし、フォアハンドでのフォア前のレシーブが自分の弱点だとしたら、相手がそこに気づく前の早い段階でフォア前をバックハンドで処理したり、チキータしたりして、弱点であることに気づかせないようにする工夫も必要だ。

もしくは、相手が自分の弱点を攻めてくるとわかっている場合、弱点を突いてきたボールでも強打で狙い打てば、相手は恐れて、そこを突いてくることはなくなるだろう。

試合の流れを変えるための明確な方法はないが、変えるための努力をすることが大切なのだ。たとえば悪い流れの時に、遅延行為にならない程度に「間《ま》」を置く。シューズのヒモを結び直したり、タイムアウトを取る。それで流れが変わることもあるし、変わらないこともある。

試合中の重かった空気が、ガラッと変わることもある。流れというのは一瞬で変わる。徐々に変わることはなく、パッと流れがこちらに来たり、相手に行くこともある。その空気の流れというのは普通の選手にはわからない。しかし、トップ選手ならわかる。自分に流れが来たと感じた瞬間、その流れに乗っていけば勝利を引き寄せることができる。

よく試合後に、選手が「あそこの1本がすべてでした」とコメントする時がある。それがいわゆる、流れが変わった瞬間である。試合の流れのつかみ方はトップ選手ならわかるはずだ。私は他の選手の試合を見ていても、「あ、これで流れが変わる」というのがわかることが多い。

第7章

今のままでは危うい。日本への提言

7-1

日本選手の危ない勘違い。

今「中学生の水谷隼」が日本にいたら、海外に行く

私がドイツに行ったのは2003年だった。当時、日本にはTリーグもなかったし、国内のレベルも高くなかったので、強くなろうと思ったら、日本を出て海外に行く必要性があった。今は日本にTリーグもでき、レベルも上がっているのはうれしいことだ。とはいえ、当時の「中学生の水谷隼」が今の日本にいて強くなるだろうか。

答えは「今の日本にいても世界のトップレベルまでは強くならない」。強くなる選手というのは環境がどうであれ、ある程度は強くなるが、中学生の私が日本に留《とど》まっていたら、今のレベルに到達したかどうかはわからない。そのまま日本にいても、五輪でメダルを獲れるような選手になったかというと、YESとは言えない。

逆の言い方をするならば、強くなる選手は進むべき道の選択を間違えない。海外に行ったこと

が自分にとってはプラスになったことは事実だ。

今の日本のトップ選手は、10数年前と比べても、環境面では相当に恵まれている。プロ選手が増えているが、「中学生の水谷隼」が今の日本にいるとしたら、Tリーグには登録せずに海外に行くと思う。Tリーグには2部、3部といった下部リーグがないため、若い選手やまだ実力のない選手の試合への出場機会が少ないのが理由だ。だから、必然的に海外リーグに行くだろう。それにTリーグのチームでの練習環境が整っていない点ももうひとつの理由だ。

若い選手が強くなりたいのであれば、海外に行くことを勧《すす》める。日本には友だちもいるだろうし、遊ぶところもたくさんあり、言葉の問題もない。彼女もいるかもしれない。普通に練習をしていて困ることはないだろう。日本代表クラスの選手でなくても、所属スポンサーがついて、Tリーグのチームにも所属すれば、同じ年齢のサラリーマンの2倍くらいの報酬が手に入るかもしれない。

日本では練習場を出ても、すぐにコンビニや美味しいレストランもたくさんある。遠征に行っても国内なら新幹線や飛行機もストレスなく乗れる。練習が終わった後はSNSなどを使って、楽しく過ごすこともできるだろう。

ただ、そこで終わりだ。

数年間、そこそこのプロ選手としてプレーして、そこで終わる。海外リーグではまず移動が大変だ。飛行機での日本とヨーロッパの移動。ブンデスリーガであれば毎週末試合があり、試合へ

全日本チャンピオンになった宇田幸矢。
今後、海外での実戦経験を積んでほしい選手だ

の移動は快適な新幹線でなく、ほとんどが車で数時間かけての移動だ。アパートでは自分で掃除・洗濯をして、自炊もする。言葉も最初はうまくしゃべれないから、コミュニケーションにも苦労し、孤独感を味わうことも当たり前。友だちも家族もそばにはいない。試合で負ければ、慰《なぐさ》めの言葉もなく、非難されることもあるだろう。プロだから仕方ない。その代わり、海外に滞在している間は卓球だけに集中することができる。

日本男子が海外でプレーして得るものは多い。居心地の良さを求めるよりも、自分が強くなる方法を見つけよう。ハングリーなプロ選手はぬるま湯には浸《つ》からないものだ。

7-2

なぜ日本男子が海外に行かなくなったのか。

本物のプロになりたいのなら、日本を飛び出すべきだ

今の日本選手は楽にお金が稼げるから海外に行かなくなっている。考えてみてほしい。Tリーグは1チームあたり10名ほど登録するのだが、試合に出るのは4人か、5人だ。学生選手の場合、名前だけの登録か、1シーズンに1、2試合だけ出て終わり。これでは登録していても意味はない。Tリーグは記念旅行ではない。本物のプロになりたいのなら、日本を飛び出すべきだと思う。

若手はTリーグで試合ができないわけだから、時間を無駄にしているのと同じだ。Tリーグを2シーズンやって、そういった状況が見えてきているのに日本選手は海外に飛び出さない。つまり、強くなりたいという強い意志を持っている日本選手が減っているのかもしれない。Tリーグができて、卓球の面白さを多くの人に味わってもらうことはできているが、そ

れが日本の卓球のレベルを上げていると考えないでほしい。

今の日本はナショナルチームの合宿もあり、合宿をこなしてワールドツアーに参戦、という環境があるから、海外リーグに行く必要はないと言う人もいる。それは間違いではない。日本のナショナルチームを取り巻く環境は海外と比べてもとても良く、味の素ナショナルトレーニングセンターでの練習環境やトレーニング設備、医療関係、食事なども環境としては十分と言える。

それでも、やはり「中学生の水谷隼」なら海外に行くことを選ぶだろう。

2013年にロシアリーグに参戦した時でも日本にはすでにナショナルトレーニングセンターはあったし、そこで練習することもできたが、私はロシアリーグに行くことを選んだ。オリンピックでメダルを獲りたいと思った時、日本は自分を刺激してくれる環境ではなかった。あれから数年経った今でも、もし若い時の水谷隼なら「海外リーグ参戦」を選ぶ。

日本は練習環境の面では整ったかもしれないが、選手の精神面、卓球への意識では世界のトップのポジションにはたどり着いてはいないだろう。

日本男子に限って言えば、冷静に分析する必要がある。2000年の世界選手権団体戦でメダルを獲ったものの、それ以前の10数年間、それ以後の2008年までは団体ではメダルも獲れなかった。

2008年の世界選手権団体戦広州大会でメダルを獲得した時でも、私が常に2点獲りをしなければチームは勝ち進めなかった。この20年間、私は天才と言われたこともあるし、今は張本

2013年から参戦したロシアリーグ。孤独に耐えながら実戦経験を積んだ

智和がいる。この2人の出現で日本のレベルは評価されてきたとも言える。

正直に言えば、日本男子の4番手や5番手は他の国と比べても大したレベルではない。天才的な選手が育っていくハード面の環境は整ったかもしれないが、4、5番手が他のチームの1、2番手に勝つまでのレベルにはなっていない。

つまり、2人の天才（と呼ばれる選手）をはずせば、日本男子のレベルは世界のベスト8にも入れるかどうかわからない。それが現実であることをもっと深刻に考えなければいけない。「打倒中国」という言葉を使う資格がある選手は張本ぐらいしか当てはまらないだろう。

私が言いたいのは、自分が日本に貢献したということではなく、もし水谷という選手が日本にいなかったら、日本男子は2000年世界選手権での15年ぶりのメダル獲得以来、ずっとメダルなしのチームだったかもしれないということだ。リオ五輪でも私が団体戦で全勝しなかったらメダルは獲れていない。試合のコートに立てば、戦うのは私ひとりだ。もちろん世界選手権でも五輪でもコートに立つまでは多くのスタッフ（監督・コーチ・トレーナー・練習相手）に支えられていることもわかっているし、感謝している。

2018年世界選手権団体戦ハルムスタッド大会では、私と張本がいてもメダルを逃している。それまでずっと勝ち続けてきた私が準々決勝で1敗したからだ。予選でも私が1敗してイングランドに負けている。私が2勝しなくても日本は勝てるようになっていかなければいけない。これは水谷隼という選手の奢《おご》りでも、傲慢《ごうまん》な分析でもない。客観的な事実を言っている。

つまり、日本男子の全体のレベルは上がっているかもしれないが、実体としてはそんなに強くなっているわけではない。

今は張本が出てきたので、日本男子はしばらく大丈夫かと思っているが、他の選手ももっともっと頑張ってほしい。

7-3

世界のトップに行くためには数多くの試合経験が必要だ。

日本では味わえない実戦経験を若手は逃している

今の水谷隼を作ったのはドイツでの生活であり、中国やロシアリーグでの経験があったからこそ世界のトップクラスまで上がれたと思う。２０１０年に世界のトップクラスの仲間入りをして、それ以降は自分の周りに手本とする選手が見つからなかった。このまま日本にいても限界が来ると思い、私は中国やロシアに向かったのだ。

私はドイツのデュッセルドルフでジュニア時代を過ごしたからこそ、世界のトップ10に入るだけの力を磨くことができたが、いざ自分が世界のトップレベルになり、周りを見渡すとブンデスリーガにも世界トップ10以上の選手がいなくなっていた。

ドイツでは得るものは得た。その上を目指そうと思い、２００８年に中国の超級リーグに挑んだ。

超級リーグに参戦して感じたのは、「強くなるためにはここまで自己中《じこちゅう》（自己中心的）にやるのか」という「気づき」だった。それまでは私自身が自己中な選手に思われていたかもしれないが、結局、周りに気を遣い、従っていた部分もある。馬琳や馬龍のそばには中国ナショナルチーム2軍の選手が付き人のようにいる。時に練習相手もするし、そういう関係性も良いと思った。彼らの練習は「強くなるための完全なる自己中」だった。生活面での自己中は批判を浴びるが、選手としての自己中には良い部分もある。

超級リーグでは試合前に必ずミーティングをするし、選手もスタッフも試合に懸ける熱量がすごい。1シーズン目の浙商銀行では馬琳と同じチームでプレーしたが、馬琳の担当コーチだった呉敬平《ウ・ジンピン》が多球練習をしてくれた。これが死ぬほどきつかった。2シーズン目の四川鄄儲・先鋒汽車は陳宏宇《チェン・ホンユ》というオフチャロフのチームメイトだった人が中国に戻り、監督になっていた（後にオフチャロフのプライベートコーチ）。その人にコーチしてもらったり、多球練習をしてもらった。

3シーズン目の寧波海天塑機は、馬龍と秦志戩《チン・ジジエン》コーチ（現中国男子監督）が試合前も試合後もずっと話をしていて、どんな話をしているんだろうと興味があった。圧勝している時でもずっと話をしている。こんなに完勝したのに、何の話をするんだろうと思うほどだった。そういう選手とコーチの関係性を学ぶこともできた。彼らは勝つために妥協しない。

日本にもナショナルチームがあって、合宿があって、ワールドツアーに出るシステムがあるけ

2005年ドイツの3年目。ブンデスリーガの2部でプレーする16歳の筆者

れど、Tリーグには下部リーグがないので、若い選手が試合経験を積む場がなく、実戦不足になる。岸川聖也さんや松下浩二さんにしても、ブンデスリーガの2部、3部といった下部リーグでプレーし、練習と週末の試合を繰り返して、貴重な経験を積み重ねた。

ブンデスリーガの試合は練習とは違うから当然緊張する。その緊張感を何度も経験できるのがブンデスリーガだ。団体戦だから常にプレッシャーを感じる。特に2部リーグだとほとんど初めて対戦する相手で、いろいろな戦型の人がいて、年間で20試合くらいするので、貴重な体験になる。

毎週試合をすることも私は楽しかった。2部リーグだと観客は100人にも満たない。それでもそのファンのために頑張ろうと思うし、いつか1部に上がってプレーしたいというモチベーションも高かった。それはナショナルチームで合宿をして、ワールドツアーに出場するのとは全く別の体験だった。

若い選手はそういう実戦経験が必要だ。もちろん良い練習をするのは当然のこととして、さまざまな試合経験をすることが選手としての血となり肉となっていく。自分が15、16歳の頃、ブンデスリーガ2部でやっても勝てないことも多かった。当時、2部にはオフチャロフや馮哲《フォン・ジャ》（ブルガリア・元中国代表）などの強者《つわもの》がいた。そういった同年代の若手やベテランの選手に混じっての試合そのものが良い練習になっていくのだ。

ヨーロッパの選手はフォームもプレースタイルも個性的で、初対戦ではやりづらい選手が多い。そういう選手たちと実戦を重ねることが若い選手にとっては重要で、経験することで安定したプレーができるようになっていく。

日本選手は実力はあると思うが、実戦経験が少なく、有望視される戸上隼輔や宇田幸矢でも国際大会での安定感が乏しい。そういう実戦経験をさらに重ねていかなければいけないのだが、もし日本での練習や環境に満足しているようなら、彼らの将来の限界は見えていると言わざるを得ない。

7-4

張本智和に日本の未来を託す。

消極的な殻を破らないと真のチャンピオンにはなれない

張本智和が小学生の時に、テレビの企画で私は彼と初めてボールを打った。その後、世界選手権や全日本選手権でも対戦している。張本は若くして、日本を牽引していく選手だ。

卓球選手において一番重要なのはモチベーションだと思う。張本は世界の中で「卓球で勝ちたい、負けたくない、強くなりたい」というモチベーションの最も高い選手だと思う。それは彼の素晴らしい点だ。大事な試合で負けて、誰も近寄れないほど落ち込んだり、涙を流すこともあるが、それは負けず嫌いの選手がこれからさらに強くなっていく素質の表れとも言える。

また、張本は、勝負どころで意外性のある戦術を使えるのも強さのひとつだ。

たとえば、Tリーグでもベンチから見ていて、「俺だったらこの場面ではこのサービスを出してこう攻める」という場面で、彼は私の予想と全く違うことをやったりする。そうした戦術というのは経験を通して学び、トップ選手の戦術を真似てやっているのではないか。その学習能力も驚くほど高い。

「素直で良い子」だけでは強くはなれない。その点、張本は素直で真面目に見えるけれど、彼独自の「自己中」の世界も持っているし、練習に対する姿勢は素晴らしい。

私が張本について懸念《けねん》するのは「環境が整いすぎていること」。その良すぎる環境がマイナスになるかもしれない。今は常に練習相手がいて、コーチがいて、親がいて、卓球台を独占的に使えて、ボールなども十分にある環境でやっている。自分が満足できるベストな状態で練習をしている。

しかし、たとえばオリンピックだと練習できる時間も制限される。試合前に30分しか練習ができなかったり、時間も短く、練習相手も制限されるし、良い状態では準備できない。それをストレスに感じたり、不安を覚えてしまってパフォーマンスに影響を与える可能性がある。彼自身が今の環境が当たり前だと思ってはいけない。常にそういうベストな環境が用意されているわけではないからだ。

彼は今後、恵まれているとは言えない環境で練習したり、試合をするということに慣れていかなければいけない。中国の超級リーグだと会場に1時間半前に集まって、試合前の30分だけ練習して試合をするということも当たり前のようにある。そういうコンディションが悪い中でも調整をして試合をできるようにしなければいけない。時には試合が1時間遅れることもある。張本は

天才的なボールタッチを持ちながら、努力する才能を持っている張本智和に
世界チャンピオン、五輪メダリストになることを期待したい

試合開始の2時間半くらい前には会場に来て準備するが、もし試合が1時間遅れたら、彼は4時間近く待つことになる。そうなったとしても完璧な状態で試合をしなければいけない。

今の張本はルーティンが決まっていて、そのルーティンが崩れた時に脆《もろ》い。その壁には必ずぶち当たる。どういう状況でもベストパフォーマンスを発揮できるようになるための工夫なら、周りの親やコーチでも与えられる。たとえば、「今日は試合直前の30分だけの練習で試合に入る」とか、「今日は攻撃選手との試合だが、試合前にカットマンと練習してから試合に入る」とか、例外的な状況を経験させることも大切だし、必要なことだ。自分のルーティンを壊《こわ》して、どんな状態でも試合ができるような調整方法を覚えたほうが良い。

張本が試合で負けるパターンというのは、自分のやりたいプレーや戦術に固執《こしつ》してしまって、負けてしまうというものだ。それが改善できるかどうかは本人次第で、治りにくい癖かもしれない。それは私の青森山田の同期生で、長年チームメイトだった松平賢二にも言える。すべてが「自分、自分」で、「相手がこう来たら自分はこう攻める」という卓球ができないことが多い。そのために練習でも、自分のやりたいことを多くやってしまう。実際の試合では、相手はこちらを崩すためにいろいろな技術や戦術で向かってくるわけだから、そのやり方に対応しなければ試合では勝てない。張本にしても考え方や戦術にもっと柔らかい捻《ひね》りのような部分がほしい。「剛」だけで、まっすぐに行くのではなく、対応力のある「柔」の部分を身につけてほしい。

ワールドツアーとTリーグで張本が荘智淵に2回負けた時には、荘智淵のほうが試合のやり方を変えてきているのに、張本は「自分のプレー」を通して負けてしまった。

張本は技術面やメンタルの部分は素晴らしい選手だが、ひとつの彼の癖のように見える「自分、自分」の部分が改良されていけば、本当に世界のトップに立つ選手だと思う。ポテンシャルは何も疑う余地はないのだから。

張本は史上最年少で全日本チャンピオンになったが、その後、全日本選手権では2年連続で敗れた。今年（2020年1月）の全日本での戸上隼輔や宇田幸矢との試合でもそうだったが、世界選手権などの大きな舞台でも消極的になることがあり、ボルと重なる部分がある。

ボルも、世界選手権やオリンピックで勝てない選手で、大舞台になると安全にいきすぎるし、受け身になってしまう。アルナ（ナイジェリア）、クリサン（ルーマニア）、呉尚垠《オ・サウン》（韓国）など、普段負けないような相手に負けてしまう。大事な試合になればなるほど消極的になってしまう傾向がある。

誰でも大事な場面で消極的になることはあるけれど、その消極的な殻《から》を破らなければいけない。張本は大きなポテンシャルを持っているのに、いまだその殻を破れていない。ワールドツアーで馬龍や張継科に勝った時のようなプレーを常にできるようにならなければいけない。殻を破るために苦労することが世界チャンピオンになるためのプロセスだと思う。

7-5

日本にはハングリー精神がない。

若い選手は卓球のことだけを考える環境に身を投じてほしい

2012年ロンドン五輪の後にプリモラッツ（クロアチア・元世界3位）から「ロシアリーグに来ないか」と誘われた。2012年1月の全日本決勝では吉村真晴に負け、2013年1月の全日本でも決勝で丹羽孝希に負けて、2013年の世界選手権パリ大会でもすぐに負けた。「このままでは俺はだめだ」とロシアリーグに行くことを決意した。報酬も悪くはなかったし、プリモラッツも期待してくれて、「お前の力が必要だ」と言われた。

プリモラッツはロシアリーグの『UMMC』のコーチで、ライバルは『オレンブルク』。そこにはオフチャロフやサムソノフがいたので、「『オレンブルク』を倒すために頑張ろう」という気持ちが湧いてきた。

3シーズンを『UMMC』、次の2シーズンを『オレンブルク』でプレーした。一番大変だったのは移動だ。日本とロシアの往復も大変で、モスクワの空港で半日くらい待つのは当たり前で、モスクワに着いてからの移動も大変だった。

ロシアでの練習量は多くなかった。試合のために調整して、試合に臨むことを繰り返す。ヨーロッパチャンピオンズリーグもあるので、日本との往復だけではなく、ヨーロッパに滞在して、ワールドツアーとロシアリーグ、チャンピオンズリーグに参戦していた。試合が生活の中心で、卓球しかすることがないから、起きている時には卓球のことを考えている。あとは滞在先でひとりでトレーニングをする。3週間ヨーロッパに行っている時には3週間ずっと卓球のことだけを考えている生活だった。

今、日本にいたら、卓球のことを考えているのは練習場にいる6時間くらいで、練習場を離れると卓球以外のことを考えている。それは自分だけではなくて、若い選手たちも同じではないか。海外に行ってプレーすることの意義は、単に試合に出て経験を積むことだけでなく、卓球のことだけを考えられる環境の中に身を置くことにもある。

Tリーグに参加し、そこそこのお金をもらえて、何不自由のない環境で卓球をしていたら選手自身が甘えてしまうのも無理はない。つらいとわかっていても卓球だけを考えることができる環境に身を投じることが必要だ。

実際、自分自身が拠点を日本に移してから幸福度は増えたが、選手として甘えていると感じてしまうことがある。今一度つらかった過去を思い出して身を削りながら頑張りたい。

ナショナルチームで合宿をして、ワールドツアーに行くだけで、世界のトップに勝てるほど甘くはない。ある程度は強くなれるけれど、本当のトップには行けない。今の選手は指導者の顔色をうかがう。「合宿に参加しなかったら指導陣になんと思われるだろう」と考える選手もいる。

卓球は個人競技だから、チームの和を乱さない限りは、自分が強くなることを考えなければいけない。指導者の顔色をうかがうのではなく、どのように指導者と信頼関係を築き、自分が強くなるためにはどういう環境でやるべきか、ということを真剣に考えてほしい。自分にとって最高の環境に飛び込み、強くなることを優先的に考えてほしい。日本は世界一恵まれた環境かもしれないが、若い選手たちにはハングリー精神が不足しているように思う。

私は海外でプレーすることを若い選手には勧める。ただ、その環境に耐えられる選手がいるかどうかはわからない。私の場合は、ロシアリーグへの参戦は自分の意思で決断した。誰かに「行って来い」と言われて行くのか、自分で「行かないと強くならない」と思って行くのでは違う。強くなれる選手というのは厳しい環境に耐えられる選手である。

7-6

世界で戦うためには世界を知るコーチが必要。

伊藤美誠選手の松崎太佑コーチは特別である。見ていても、彼の必死さ、勉強ぶりはすごい

私が引退した後の日本の卓球界に期待したい、と言いたいが、現実的には難しい面もある。確かに日本選手のプレーや技術的な部分は良い方向に向かっている。ただ、卓球はいろいろな要素が絡《から》む。フィジカル、メンタル、戦術などが絡み合う中で、単純に一球一球の意識を高めるなど、指導者も高い意識が必要になる。

トップ選手は心技体智すべてが一流でないと戦えない。極論で言えば、現役時代に大舞台、世界の舞台を経験した指導者でないと、私たちのような世界レベルの選手に「大舞台では……」「五輪というのは……」というアドバイスはできないと思っている。

中国が強いのは、かつてのチャンピオンたちが指導者として現場に残って、後輩を指導しているからではないだろうか。世界クラスの選手たちを教える場合は、世界で戦ってきた実績が必要

伊藤美誠選手にアドバイスを送る松崎太佑コーチ。
選手としての実績がなくても、指導に対する気迫が伝わってくる

かもしれない。それほど、世界トップの舞台というのは指導者にも経験や知力が求められるものなのだ。

最初から指導者を目指す人がいても良いと思う。もしかしたら優秀なジュニア選手を育成できたり、全日本レベルの選手を育てることができるかもしれない。しかし、世界、五輪でのメダル争いというのはその次元ではない。

そういう意味では、伊藤美誠選手を指導する松崎太佑コーチは特別である。見ていても、彼の必死さ、勉強ぶりはすごいものがある。選手としてのキャリアが少ない分、すべてを伊藤のコーチングに注いでいる気迫が伝わってくる。

「名選手は名コーチにあらず」という言葉がスポーツ界にはある。その意味は、

トップアスリートは自分の感覚だけで選手を教えてしまうため、名指導者になれないという意味だろう。

確かに、私が指導者になって選手を見ていたら、「なぜそのボールをそんな打ち方で返すんだろう」と感じてしまうだろう。

中学・高校・大学の後輩の神巧也には、多球練習で何度も問題点を注意したことがある。「その癖が治らなければ試合で困る」と何度も言った。「バックからフォアへ動いて、次にバックに来たボールを合わせるだけではダメ」「バックへのボールを合わせるな、振り切れ」と毎回言っていると、だんだん良くなっていった。私がドイツに行った時のコーチ、マリオも同じだった。練習中にいつも同じことを言われ、それを繰り返すうちに自分の頭の中にその注意点が刷り込まれる。

コーチは選手の改善点はしつこく言い続ける根気が必要だろう。そうして覚えたことは選手は忘れないものだ。

第8章

負けてわかったことがある

8-1

中学生の時から「自分は卓球で生きていく」と意識した。

生活をかけたプロフェッショナルとアマチュアではその意識に大きな差がある

私がドイツに行った頃は、日本はまだ昔ながらのペンホルダーのフォアハンド主体のプレースタイルが主流の時代だった。2008年の世界選手権で団体のメダルを獲り、2009年世界選手権横浜大会で男子ダブルスでメダルを獲った。アジアでもペンホルダーの時代が終わり、シェークの時代に完全に移行していく時代だった。

私は、小さい頃から自分はサラリーマンにはなれないと思っていた。子どもの頃からチャランポランな性格で、毎日同じように時間を守りながら生活することが苦手だった。父はサラリーマンで朝早く家を出て、夕方に帰ってきて、そのまま私を連れて卓球の練習に行き、週末は卓球の試合で家にいないような生活だった。私は毎日そういう生活ができない。普通の人はアスリートをすごいと言うけれども、私から見たらサラリーマンのほうがすごいし、尊敬している。

ドイツは行った瞬間に、自分が求めていた場所だと感じた。プロの選手がいる環境だったので、自分の意志で練習をやるし、練習を休める。加えて成績で評価される。ドイツも青森山田も実力主義で、それが私には合っていた。年が若いからといって雑用を指示されることもなかった。そういう強い選手が強くなる環境は重要だと思う。日本でチームに所属していると、強くても年齢が下だから雑用をしなければいけないという慣習があったりするが、それは良くないと思う。

日本人のメンタリティーはプレースタイルとの関係はないと思うけれど、練習方法には関係している。同じ練習を全員で同じ時間やるとか、画一的なやり方が日本はまだ多い。

私がドイツに行った頃、日本にはプロフェッショナルな選手が少なかった。日本国内で強い社会人選手が日本の主軸だったが、彼らは甘えた選手生活だったと思う。日本のトップクラスの選手でも、練習前から、「練習終わったら遊びに行こう、飲みに行こう」とか、そういう話ばかりしていた。

自主練習をやる選手も少なかった。たとえば9時から練習を始めたら夕方5時までは練習場にいるけど、終わったらタイムカードを押して帰る会社員のような選手生活で、ぬるま湯だった。「ドイツでプロ的な環境でやってきた私や岸川聖也さんなら勝てますよ」と言いたかった。私が高校2年で全日本選手権で初優勝したことは、周りの人は驚いたかもしれないが、私からすれば、自分はプロとしての意識で卓球をやっているのだから、社会人選手には負けたくないと強く思っていた。

ドイツに渡って4年目。高校2年で全日本選手権初優勝を達成した筆者。
すでにプロとしての意識があった

中学生でドイツ留学した時に、「自分は卓球で生きていく、人生をかけている」という意識をすでに持っていた。当時は、私の意識と日本の周りの選手の意識には相当のギャップがあり、世界で勝つことに私は飢《う》えていた。

同時に、自分と周りの日本選手はこれだけ差があるんだよ、自分は別次元にいるんだよという部分を見せつけながら勝ちたいという気持ちも強くあった。基本的に日本にいると苛立《いらだ》つことばかりで、自分は不幸な選手だと思い続けていた。

今思い返せば、仕事をやりながら卓球を続けることも大変なことだと思う。ただ、中学生でありながらプロの環境に身を投じた私は、すでにプロ意識を持っていたので、全日本選手権でも負けるわけにはいかなかった。

8-2

負けてわかったことがある。

数年間、忘れられなかった世界ジュニアのバウム戦での逆転負け。負けることで自分が強くなるためのモチベーションは高まる

高校1年で出場した2005年世界ジュニア選手権の男子シングルス決勝で、ドイツのバウムに負けたのは悔いの残る一戦だ。勝っていた試合で、それまで日本選手は世界ジュニアのシングルスで誰も優勝しておらず、歴史に名前を刻《きざ》みたかった。それなのに、少し油断してしまい、ゲームカウント3—3の最終ゲーム7—4から逆転された。いつも勝っている相手だったから、ずっと悔しくて反省していた。

その後、全日本選手権で初優勝して、4連覇、5連覇していても、そのバウム戦の敗戦の悔しさが消えなかった。その敗戦を忘れることができたのは、2012年1月の全日本選手権決勝で吉村真晴に負けた時だ。吉村戦での敗戦の悔しさが、バウム戦の悔しさに上書きされたのだ。

卓球の試合では負けたくないし、負けないほうがいい。選手なら誰も負けることなど望んでい

ないが、負けることによって自分が強くなっていくためのモチベーションが高まることもある。負けることは常に自分を成長させ、強くしてくれる。ただし、それが五輪の舞台や世界選手権という大舞台での「負け」ではいけないし、そこで負けないように日々悔しい敗戦を思い出し、反省をしている。

全日本選手権で勝ち続けていた時には、国内でも負けていないし、自分の競技人生で年下の日本選手に負けたことが一度もなかった。それと同時に勝つことに飢えていた。

負けたことで気づくことはたくさんある。負けることで失うものがあることに初めて気づいた。たとえば普段当たり前のようにあるスマートフォンだが、失《な》くした時に初めてその中にいろいろな大事な情報があったことに気づく。卓球の試合でも同じだ。勝つことは自分にとって当たり前だったが、負けた時に自分が失うものの大きさに気づく。普段は負けることを考えて試合をしていないから、負けた時にその後悔の大きさが波のように押し寄せてきて落ち込んでいく。

2012年の全日本選手権で吉村に負け、同年のロンドン五輪でメイス（デンマーク）に負けた時にはそういう状態になった。だからこそ、2016年リオ五輪の、シングルス銅メダル決定戦のサムソノフ戦や団体戦では、「ここで負けたら一生後悔するぞ、負けたら死にたくなるぞ」という思いが頭をよぎった。だからこそ「絶対勝つぞ」という強い気持ちを持って、コートに立った。

アスリートが「自分のベストを尽くして悔いのない試合をします」と言う時には、ほとんどが相手が強くて逃げ腰の時なのだ。本当の意味の「後悔」を知っているアスリートがそう言えるのだろうか。

全日本選手権で吉村に負けてわかったことがある。それはその後のナショナルチームの合宿に参加した時に、指導陣が「吉村はここがすごい。吉村のサービスがすごい、だから勝てる」と話していたことだ。それがめちゃくちゃ悔しかった。私は彼に決勝で負けたけれど、最終ゲームの10―7からの逆転負けで、結果としては敗戦ではあっても、内容では勝っていた試合だった。ところが私にまで「吉村のようなサービスをやれ」とか、「隼はこれをやっておけ」というような扱いになった。実力的には私のほうが上だという気持ちがあり、イライラしていた。スポーツは勝たなければいけない、勝った者がすべてなんだとその時に痛感し、その悔しさを経験したから、常に勝者でいたいと思ったのだ。

同じ年のロンドン五輪で負けて、ブースター問題に抗議する意味を込めて、五輪後に半年間練習をしていなかった。そして翌2013年1月の全日本選手権の決勝で丹羽孝希に負けた。練習を全然していなかったので、悔しさはなかった。だが、その後の世界選手権でも成績は残せなくて、この時期に日本のナショナルチームでは「世代交代」と言われ始めた。首脳陣も周りの人にも言われた。「吉村と丹羽がこれからの中心で、水谷は時代遅れの卓球、水谷の卓球は遅い」と言われていた。自分としては3割くらいしか力を出していないのに、決勝で負けて、いろいろ批判されたことで、「それじゃ、オレが力を出してぶっちぎりで勝ってやるよ」と内心ふつふつと煮えたぎるような気持ちになったのだ。

「水谷は終わった」と言われ始め、このまま日本でやっていても勝てないなと思っていたので、邱建新さんとコーチ契約して、ロシアリーグにも参戦した。

私が全日本選手権で負けたことで、周りも私を見限っていた。それに腹が立っていた。その頃は、速い卓球をすることができずに、今までの自分の卓球のままでも勝てる方法を模索《もさく》している時期だった。毎日の生活でも食事を含めてストイックな生活を実践した。

そして、2014年1月の全日本選手権は非常に良いプレーができて優勝した。中陣、後陣でもプレーできて、両ハンドを振っていた。

世界ジュニアのバウム戦での敗戦は、その後、自分の卓球を高めていくモチベーションになった。全日本選手権での吉村戦、丹羽戦での敗戦は、屈辱とともに、私が日本を飛び出し、プロコーチと契約をして、自分の卓球のスタイルを変えていくきっかけを作ってくれた。それらの敗戦は、すべてがリオ五輪でのメダルに結びついているとも言える。

負けて失うものもあれば、負けて大きく得るものもある。その境目《さかいめ》は、負けた時にどれだけ悔しがり、どれだけ自分を変えることができるかにかかっている。

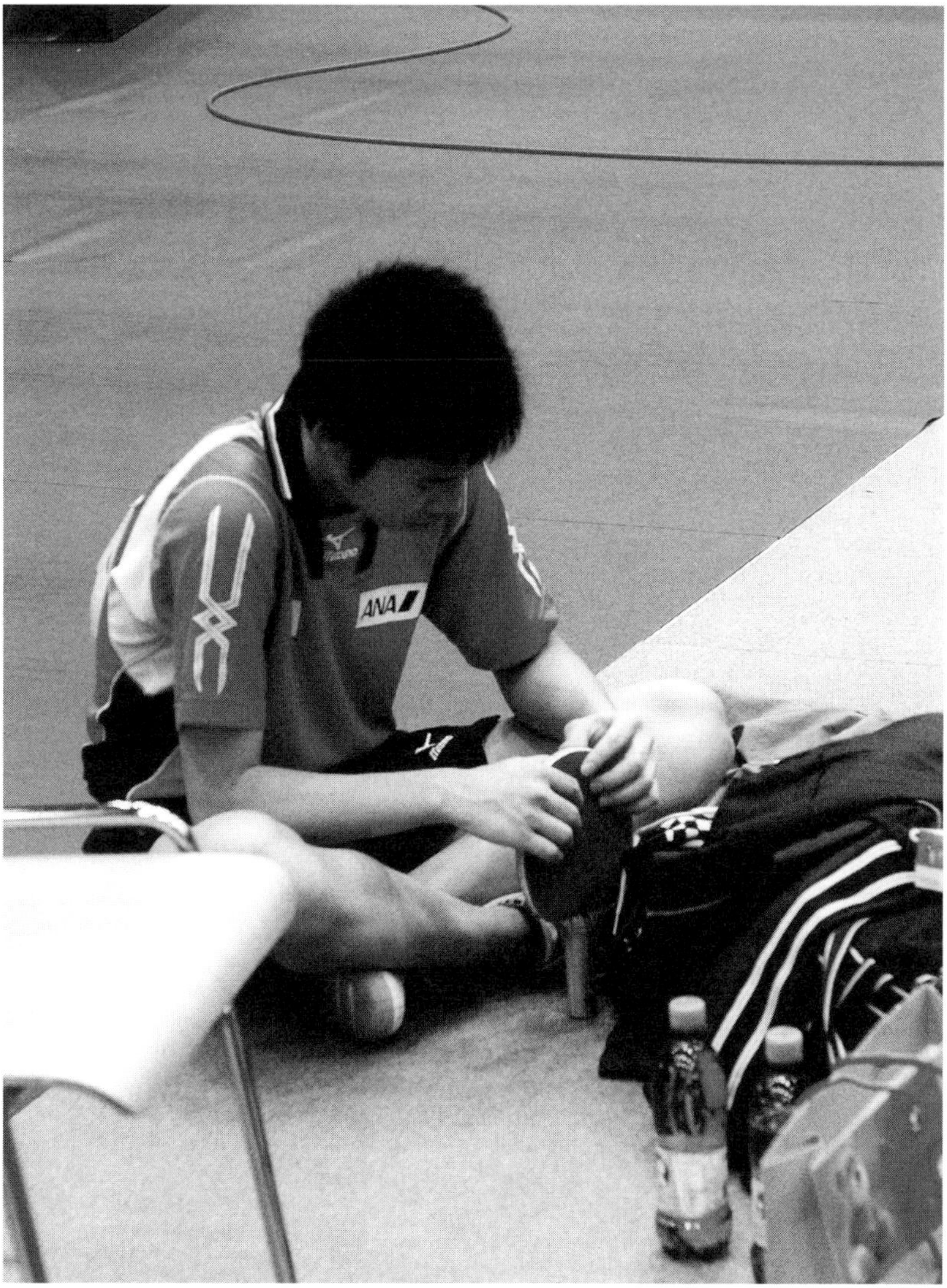

2005年世界ジュニア選手権の決勝でバウムに負けた筆者。
敗戦直後、あまりの悔しさに1時間ほど動けなかった

8-3

日本男子として悔しさを味わってきた。

テレビでの露骨な女子優遇主義。五輪でメダルを獲るしか方法はなかった

私は、2010年のITTFプロツアー・グランドファイナルで日本人として初めて優勝したが、帰国した空港に、報道陣は誰もいなかった。当時は、世界選手権でもテレビでは日本女子の試合ばかり放送し、グランドファイナルにも報道陣は来ないし、空港にも来ない。女子と同じ結果を残しても、マスコミは男子に見向きもしないことに苛《いら》ついていた。そのことについて自分のブログでも怒りをぶつけていた。

私自身はいろいろな人に卓球を広めようとしていた。だが、2014年に同じ大会、ITTFワールドツアー・グランドファイナルで優勝した時も空港に報道陣はいなかった。テレビは日本女子が早く負けた時にしか男子の試合を放送しなかったし、女子のスター選手にテレビや一般のマスコミも注目していた。テレビは試合結果ではなく、視聴率至上主義だから、「今

に見てろ」と思っていた。それは2012年ロンドン五輪の時もそうだった。女子団体で卓球初のメダルを獲得した日本女子チーム。会場で応援していて、素直に感動したし、うれしかった。日本に帰ってくると報道陣は当然のように日本女子に群がる。非常に惨《みじ》めな思いをして、我々日本男子は空港を後にした。その後の「日本卓球女子三人娘フィーバー」は説明するまでもない。

日本男子が挽回《ばんかい》できるチャンスがあるとしたら、オリンピックしかないなと思っていた。オリンピックでもし我々男子がメダルを獲っても同じような扱いを受けたら、その時は諦めようと思っていた。一方で、オリンピックで成績を残せば絶対男子も注目されるという確信はあった。なぜなら北京五輪でフェンシングの太田雄貴さんが銀メダルを獲った時、そのシーンを現地で見ていて、マスコミの注目ぶりを目にしていたからだ。

私は男子の卓球の試合がテレビで放送されたら、人気も出るし、認知されるという自信があった。それはスポーツとして見れば、男子の卓球は派手なプレーが多く、ダイナミックで迫力があるからだ。卓球におけるテレビでの女子優遇は2006年の世界選手権ブレーメン大会からひどかった。2007年ザグレブ大会、2008年広州大会では男女の結果はほとんど変わらないのに、扱いは大きく違っていた。

北京五輪で負けて日本に帰ってきて、当時は岸川聖也さんと一緒に住んでいたのだが、テレビで太田さんがスーパースターの扱いを受けているのを見て、「俺たちもメダルを獲っていたらああなったのかな」とふたりで話をして、太田さんが非常に羨《うらや》ましかった。

2012年ロンドン五輪では屈辱を味わったが、
メダルを獲得したリオ五輪では空港に大勢のマスコミが待っていた

当時、人から注目されることに興味もあったし、道を歩いていて「卓球の水谷さんですか」と言われることが快感だった。2008年の北京五輪から帰ってきて、最初に入ったコンビニでも「水谷さんですか」と言われて驚いた。

2016年のリオ五輪が終わってからは変装してもすぐに見つかるので、昔はそうなることを望んでいたけど、それは自分の勘違いだった。

ただ、リオ五輪でメダルを獲り、テレビ各局で男子の卓球の試合が放送されたことによってその面白さが日本の多くの人に伝わり、興味を持っていただけたのはうれしい限りだ。

8-4

将来有望な日本の若手は横谷晟。

今のままなら
宇田と戸上を追い抜く可能性がある

リオ五輪の後に「将来有望な選手は？」と聞かれ、私は「張本智和とカルデラノ」と答えた。まだふたりが世界のトップに出てくる前だ。その後、強くなる前の林昀儒《リン・ユンジュ》の名前を付け加えた。私は将来誰が強くなるかどうか、練習や試合をすればすぐにわかる。はずしたことはない。リオ五輪前、小学生だった張本と少しだけ練習した時にも強くなると感じた。カルデラノと2015年世界選手権で対戦した時にも感じたし、林昀儒もそうだった。

過去に自分より年下で、次のトップクラスに来ると思った選手は、オフチャロフ、張本、カルデラノ、林昀儒だった。

選手の将来性を見る私が持つ感覚は、100%間違いないと思っている。日本選手で次に来るのは横谷晟《じょう》（現・愛工大名電高3年）だ。練習をしていてそれを感じた。彼の素質だけを見れば、この予想は絶対はずれない。日本男子を牽引するような選手になるだろう。

私が将来性を判断するのは、ボールタッチ。横谷はミスをせずに返球するタッチを持っているし、返球方法を熟知している。今年のナショナルチームの合宿で初めて彼と練習をした。それまで名前も顔も知らなかった。それが練習していたら世界のトップ30とやっているような感覚だった。体格も良いし、シャトルラン（往復持久走）をやっても一番で、身体能力も高い。技術的にも問題はないので、彼は間違いなく上に来ると感じている。横谷の卓球は樊振東の卓球と全く同じなのだ。スイングやプレースタイルが似ている。数年後に強くなっているかどうか、楽しみな選手である。本人にはプレッシャーになるかもしれないけれど、その程度のプレッシャーで潰れるような選手ならそれまでのこと。

現時点で、宇田幸矢や戸上隼輔のほうが実力も実績もあるが、今のままでは抜かれてしまう可能性がある。今後誰が来るかはそれぞれの努力次第だが、3人が切磋琢磨《せっさたくま》して強くなってほしい。

筆者が「間違いなく日本のトップクラスに来る」と期待する横谷晟
（現・愛工大名電高3年）

第9章

用具にこだわる理由

9-1

私が用具にこだわる理由。

プラスチックボールになり、ワールドイベントの卓球台に合わせた用具を選ぶ

2008年にスピードグルーが禁止になって、卓球の用具は大きく変わった。それまでは『ブライス』（バタフライ・以下すべて同ブランド）を使っていたり、一時期は粘着性の『タキファイアC』を使っていたが、あの頃はグルーを何度も塗っていたために、どんなラバーを使っていてもあまり変わらなかった。

そのため、当時はラバーやラケットにはさほどこだわりがなかった。どちらかといえば、グルーをどうやってうまく塗るのか、塗った後にグルーの膜《まく》をどうやってはがすかとか、そちらのほうに神経を使っていた。当時のセルロイドボールは品質が安定していて、メーカー間の卓球台の弾みもさほど差はなかった。そのためラバーもそれほど神経を使わずに選んでいた。

2008年にグルーが禁止となってからは、『テナジー』を使うようになり、2010年から

2008年の
スピードグルー禁止以降、
ボールの変更もあり、
常にベストな用具を
探してきた筆者

2015年まで両面に『テナジー64』を使い、リオ五輪前に『テナジー80』に変えた。グルーを塗らないわけだからラバーはいつも同じ弾みになる。

セルロイドボールからプラスチックボールに変わった2014年。この頃からボールに合わせてラケットやラバーを頻繁に変えたり、試したりするようになった。

2015年の蘇州の世界選手権で張継科に負けて、『テナジー64』の限界を感じ、『テナジー80』に変えた。ボールに合わせて用具を変え、その用具に自分の卓球を合わせるようになり、ラケットも何度か変えた。2014年にラケットを「スーパーZLカーボン」という素材を使った『水谷隼 SUPER ZLC』に変えたり、普通の「ZLカーボン」使用モデルに戻したりした。結局、押し入れにしまっていた古めのラケットを引っ張り出して使ったら、それが合っていた。それは「ZLカーボン」を使用した『水谷隼ZLC』だった。

2017年以降は用具によりナーバスになった。なぜならプラスチックボールの材質が硬くなり、卓球台も弾みが変わったからだ。卓球台は一見同じように見えるが、ワールドイベントで使われる紅双喜の『レインボー』という卓球台は非常に表面が滑る。あの台で中国選手とやるといつも簡単に負けていた。だから、日本男子ナショナルチームの倉嶋洋介監督にお願いして、味の素ナショナルトレーニングセンターに紅双喜の卓球台を入れてもらった。そのおかげで今は台の弾みにだいぶ慣れてきた。

三英の卓球台はバウンドでキックするようにボールが上に跳ねていくために、その分回転量は減少するが、紅双喜の台は違う。通常、ボールの回転というのは、台にバウンドした時の摩擦で回転が減少するのに、紅双喜の台は表面をボールがスリップして回転量が減らないのだ。つまり回転量100のボールは、三英の台なら回転量が80~70まで減って飛んでくるが、紅双喜の台では100のまま飛んでくる感覚のため、そのボールに対応できるように用具を変えたのだ。

用具というのは人それぞれで好みも違う。私はボールがラバーに食い込んでくれる用具が好きで、食い込ませた後に爆発的な威力の出る用具を探していたが、それは難しい調整だった。ラバー、ラケットが軟らかければ食い込むけれど、威力は出ない。その矛盾を解決するような用具を探していた。

9-2

用具探しの旅は一旦終わった。

最近、ストレートグリップからフレアグリップに変えた理由

選手によっては頑《かたく》なに用具を変えない人もいる。ただ、最終的に試合で信じるのは自分の感覚である。自分の思ったところにボールを飛ばせる用具が最終的に「自分の武器」になる。自分の感覚と他の選手の感覚は全く別物であり、それぞれのプレースタイルも違うので、一人ひとり用具が違うのは当たり前だ。そのため他の人と同じものを使う必要はない。自分が今の用具に満足していれば変える必要はないだろう。

今の私は用具に満足しているので、用具探しの旅は一旦終わったと思っている。今のラケットは特注だが、ラバーは両面『ディグニクス80』で、市販品と同じものだ。

ラケットのグリップは今年の全日本選手権（2020年1月）でストレートグリップからフレアグリップに変えた。20年以上もストレートグリップを使っていて、限界を感じたからだ。スト

レートグリップを使っていた時は、「今日は握りやすい」「今日は握りにくい」など、手がむくんでいても感覚が違うし、毎日微妙に握りが違っていた。

現代卓球は速くなってきているので、ストレートグリップだとその速度に間に合わない。なぜなら試合中、ストレートグリップは1球ずつ微妙に握りが変わってしまう。そうなると速いピッチのラリーに追いつくのが難しいのだ。自分の最適なグリップに握り直しているとラリーに間に合わない。世界のトップ選手は、ボル以外は中国選手を含めてほとんどフレアグリップを使い、固定されたグリップで速いラリーに対応している。今、フレアグリップを使っていて思うのは、フレアグリップのほうがしっかり握れて、安定するということだ。

私のように手汗を多くかく人は、ストレートグリップでは振った時にラケットが飛んでいきそうになるので、フレアグリップのほうが良い。今回グリップを変えてみて、グリップが違うとプレースタイルも変わってしまうことがわかった。アナトミックグリップも試したが、中心部分が細くてラケットがすっぽ抜けてしまう。自分の名前入りのラケットをバタフライで作る時にも、私自身の手にあったグリップで製造・発売してもらう。グリップはとても大事だし、グリップによってフォームも違ってくる。中学生を指導するなら、10本くらいラケットを用意して、まずは握りやすいラケットを選んで、素材を選ぶのはその後でもいいだろう。

私の今の用具は完璧だと思うが、選手というのは自分にとってベストの用具が見つかるまでは妥協しないで探すべきである。

第10章

天才はどこにいるのか

10-1

水谷隼は天才ではない。

才能を開花させるための方法を知っている。天才的なボールタッチを真似すること

周囲からは天才と呼ばれるが、私は自分のことを天才だとは思っていない。

天才というのは物理学者のアインシュタインのように常人が及ばないひらめきを持っている人で、創造力、想像力、発想力が他の人と違う人のことを言うのだろう。

卓球のフィーリングで言えば、張本智和、林昀儒、カルデラノなどの選手たちは「天才的な」ボールタッチを持っている。私は天才ではないけれど、同じような「天才的なボールタッチ」はあるかもしれない。一方、丹羽孝希には天才的な発想力がある。

中国の劉国梁《リウ・グオリャン》・前男子監督（元五輪金メダリスト・現中国卓球協会会長）はある種の天才かもしれない。他の人が思い浮かばないような仕掛けをしたり、驚くようなことを実行する人である。

スウェーデンのワルドナー（元五輪金メダリスト）は引退する前のプレーを見ているが、彼は

100年にひとりの天才と言われたスウェーデンのワルドナー（1992年五輪金メダリスト）。
誰も彼の真似はできなかった

やはり天才だったと思う。戦術や技術のひらめきを持っていた。中国に「ワルドナーのマネはできない、対策を講じられない」と言われたのは、彼が天才だった証拠だろう。

私は天才ではないけれども、才能を開花させる方法を知っていたとは思う。天才と才能ある選手というのは、ある意味では近い。私は他人よりは才能が少しばかりあるかもしれないが、それよりも自分の才能をどう発揮するのか、どう開花させるのかということを考え、努力してきた。

その才能を開花させる方法とは、まずは天才的な選手のボールタッチを真似《まね》すること。ワルドナーの映像や実際の試合を見て、彼の天才的なボールタッチを何度も真似をする。独特なボールの捉え方を自分が試してみる。それを繰り返すことで、全く同じようにはできないが、近づけることはできる。

強い選手というのは誰もが「天才的な部分」を持っている。それを自分の中に取り入れるべく、繰り返し練習していくことでそのボールタッチがある程度身についていく。「オレは才能がないから……」と最初から諦めたら身につくわけがない。「あの人の天才的なボールタッチやテクニックを真似しよう」と思ってやれば、天才にはなれなくても、才能というものは必ず開花する。言い方を変えれば、自分には才能があるはずだと信じてやれば、身につく可能性があるが、最初から諦めたら才能が開花する前にすべてが終わってしまう。

中学・高校・大学の後輩の神巧也は「自分には才能はないから努力する」というような言葉を発する。中学・高校時代から見ているが、確かに彼のボールタッチは昔は良くなかったけれども、最近は強くなって、かなりいろいろなことができるようになっている。才能がないからできなかったのではなく、単にそういうボールタッチを知らなかったり、真似しようとしていなかっただけなのかもしれない。

もちろん、そういうボールタッチを100時間かけて習得する人もいれば、200時間かけて習得する人もいる。やろうとすれば多かれ少なかれできるものだと思う。

私は自分独自のものというよりも、他の選手の天才的な部分を真似することが得意だったし、楽しかった。馬琳のサービスを真似したり、馬龍の台上技術を真似したりする。30歳を過ぎた今でも、周りの選手をよく観察し、良い部分は真似をする。自分には苦手な部分もあるわけだから、

中学生の頃はあまり才能を感じなかった神巧也。
その後の努力でボールタッチやテクニックを身につけた

そこを他のトップ選手の技とボールタッチを真似しながら改良しようとする。

私には劣等感と優越感の両方がある。

自分が技術的に優れているとは思っていない。私より技術的に優れていると思える選手はたくさんいる。たとえば、バックハンドやチキータがうまい選手を見ていると、自分が練習してもなかなかできないので「すごいな」と感じ、劣等感を覚えることがある。選手として結果を残していても、それは自分の弱点、できない部分をうまくカバーしているだけのことで、私の苦手な技術がうまくできている選手を見ると、劣等感を感じるものだ。

そうしたコンプレックスが私が卓球をすることのモチベーションになっているのかもしれない。「あの選手にできるなら、自分も練習すればできるかもしれない」と考えるのだから。

卓球の結果での優越感はある。誰も達成できなかった記録を自分が作ってきたという達成感と優越感。若い時には「史上最年少」や「史上初」の記録を作ることもできたし、オリンピックであれば「卓球で初めてシングルスのメダルを獲った日本選手」と呼ばれるのは優越感である。

ただ何も努力しないでいろいろなことができるのなら、天才としての優越感があるかもしれないが、私は努力してここまで来たと思っているから、自分の才能に対する優越感というものはないのだ。

10-2

努力している姿を見せないで強くなる。

「水谷は生まれ持ったセンスがあるから勝てるんだ」と言っている人は永遠に私のところにはたどり着けない

「天才」と他人に言われるのはうれしいことではある。天才という言葉はカッコいい響きがある。ただ、うれしいけれど自分のことを天才だと思ったことはない。自分の思いと周りのそういう評価で苦しんだこともない。なぜなら、日本では若くして活躍する選手に対してマスコミが勝手に「天才」とレッテルを貼りたがるので、あまり気にしなかった。若くしてチャンピオンになった人を「あの人は努力家だ」とは評さないだろう。

私が人一倍努力していても、「天才」と簡単に言う人たちはその努力の実体と努力した量をわかっていないわけだから、「勝手に天才と言っておいてください」というのが率直な気持ちなのだ。

選手同士でも「おまえは練習してないのに強いな」という言われ方をよくされたが、心の中では「おまえよりオレのほうが練習してるよ」と考えているし、そう思っている人はその時点で絶対私には勝てない。「水谷は生まれ持ったセンスがあるから勝てるんだ」と言っている人は永遠に私のところにはたどり着けない。

「自分は頑張っています、努力しています」とアピールする人もいるが、私はできるだけ自分の頑張っている姿を見せたくない。

高校生の時に、単純に努力を見せないほうがカッコいいと思っていた。もちろん、努力を見せるのも素晴らしいとは思うけれど、私の価値観の中では、陰ながら努力しているほうがカッコいいと思っていた。ある時に、「水谷は練習していないのに強いな」と言われたことがあって、それならとことんそのスタイルを貫こうと思った。

青森山田の練習は通常は夕方6時前に練習が終わり、6時半から9時半の間で自主練習をやる選手が多い。10時頃に吉田先生が就寝するので、私は夜の10時半とか11時くらいから自主練習をやっていた。時には夜中の2時くらいから練習することもあった。

私は6時半からの自主練習はやらなかった。私がやると他の選手がやらざるを得ないような雰囲気になり、強制練習のようになってしまうからだ。だからこそ、夜中に神巧也や坪口（道和）さんと練習をしていた。指導者というのは真面目に練習をたくさんする選手を好むけれど、私はそういう練習する姿を見せたくなかったし、自分のやりたいように練習をしたかった。よく「水谷は適当だ」と言われていたので、そのイメージを崩さないように自主練習で頑張っている姿を

努力する姿はあまり人に見せたくない。
陰ながら努力しているほうがカッコいいという価値観があった

見せたくなかった。泥臭く練習をするのが嫌だったし、高校生の頃のそのスタイルが今でも染み付いている。

小学生の時には日本で一番練習している小学生だったと思うけれど、周りの評価は「ボールタッチが良いのは才能があるから」というものだった。「これだけ努力したのに、結局言われるのは才能かよ」とひねくれてしまった。

ところがリオ五輪前の味の素ナショナルトレーニングセンターでの合宿の時は、邱建新コーチといつも最後まで残って練習していた。あの頃は、他の人からどう見られるかなどと考えている余裕もなかったのだ。

第11章

終わりなき戦略

11-1

自分の哲学は「自分の限界まで練習をやらない」こと。

限界まで追い込んだ時に「卓球を楽しむ気持ち」が失われる

自分の卓球の哲学は何かと聞かれれば、「自分の限界まで練習をやらない」ことと答えるだろう。限界まで追い込んでしまうと、その反動が大きい。よく「自分の限界に挑戦しろ」と指導者は言うけれど、私は違うと思う。

「もう少し練習をやりたい」と感じたところで練習をやめるのがベストではないだろうか。私はそれを青森山田で経験している。ものすごい緊張感の中で、青森山田で強くなれば日本で勝てる、日本代表になれるとみんなが頑張っていた。まさに日々限界に挑戦する生活だった。それはすごいことだ。ところが、それは何年も続かない。ピーンと張ったゴムのようなもので、ある日、プツンと切れたり、伸び切ってしまい、それ以上の伸びがなくなる。

青森山田という閉鎖された空間で、卓球に集中できる環境の中では良いが、そこから解放され

写真提供：卓球レポート／バタフライ

青森山田時代の筆者。限界まで追い込まれる練習の中で、
筆者自身は限界の一歩手前で制御していた

た途端に、制御《せいぎょ》が利《き》かなくなってしまう。目標を見失ったり、解放されて遊びまくってしまうのだ。

「限界に挑め」という言葉が日本人は大好きだけれども、それは陸上競技や水泳のように記録を争う競技だったら良いのかもしれない。卓球は、記録を争う競技ではなく、対戦相手と直接対戦し、勝敗を決める対人競技なのだ。限界に挑戦することよりも、いかに技術や戦術を磨き、相手を上回るようなゲーム戦略を作れるかが重要なのだ。

卓球では、左右のフットワークで１００㎝動けるようになった選手が、１１０㎝動けるようになった選手に負けるわけではない。時速１００㎞のドライブを打てるようになった選手が時速90㎞のドライブを打つ選手に勝てる競技ではない。筋力では圧倒的に劣る小学生が、スピードで大学生に勝てる競技なのだ。フィジカルの優劣を超えて、智力で勝てる競技なのだ。

ギリギリまで追い込みすぎるから、ヨーロッパに比べてアジアの選手のほうが選手寿命が短い。集中する時は集中するが、追い込みすぎず、適度にオフを作っているヨーロッパの選手のほうが選手寿命が長いのは、プロ選手として長く卓球選手を生業とするためかもしれない。

日本の選手や指導者が考える「限界」というのは、体力の限界のことを意味している。必死に汗を流して身体が悲鳴をあげるまで練習する。試合でそんな状況になる時があるだろうか？ マラソン選手のようにゴールした瞬間歩けなくなることがあるだろうか？ 練習というのは試合を想定して行うものだ。

練習における集中力というのは、限界まで高めて良いのだが、練習で疲弊《ひへい》するまで体力を使わせると競技そのものを楽しめなくなってしまう。卓球を楽しめなくなったら、卓球をやるモチベーションが湧かなくなるのだ。

11-2

伊藤美誠と混合複を組んでわかったこと。

ダブルスでの3球目は2つか3つに絞ってヤマを張る

卓球王国2020年6月号で伊藤美誠と対談した時に、私はこう言った。

「美誠はサービス、レシーブでいろんなことができる。新しい技が多くて、見たこともないサービスやレシーブで相手を翻弄し、それを0―0でも10―10でも自分を信じて同じようにできる。それが相手の想像の範疇の外にある。普通は美誠はこうやってくるだろうと考えるけど、考えて予測するのと違うことをやってくるから、ぼくが美誠と試合をするなら何も考えないでやる」

美誠と対戦する場合は、長いサービスが多いのでまずそれを待つ。もし短いサービスが来たら、ストップはせず長くツッツキをして、ラリーを単純化する。レシーブミスはしたくない。3球目を打たれてもそこで一本しのげる自信もあるし、サービスもフォアに長いサービスを多用する。ショートサービスを出していろいろなレシーブをされるよりは、長いサービスを出して相手にドライブレシーブをさせてからラリーに持っていく。

つまり、男子ではあまりいないが、あのような変幻自在なプレースタイルを持つ選手に対しては、ラリーを単純化して攻めたり、守っていくことが適切な戦術になる。

混合ダブルスを美誠と組んでいても、「彼女の普通」が「自分の普通」ではない。たとえば、男子ではバックハンドで相手のフォアにフリックすることはまずない。彼女は普通に相手のフォアにフリックするから、それを何回も経験し、自分の中にすり込んでおかないと自分の体が反応しない。ダブルスは確率論である。サービス、レシーブで「こうしたら相手はここにこういうボールを返してくる」という確率を積み重ねないと試合では勝てない。

ダブルスの中で相手のプレーを読むというのはシングルスとは違う。シングルスの場合は、サービス、3球目の時に、5カ所くらいを待たなければいけない。フォア前にレシーブが来るのか、バックへ長いレシーブが来るのか、チキータが来るのか、長いサービスを出した時はカーブドライブが来るのか、シュートドライブが来るのか、というように5つくらいのことを想定するが、ダブルスでは2つか3つのことを想定する。つまり、シングルス以上に「待ち」を絞り込むことになる。

レシーブはストップか、フリックか、チキータというように限定されるので、ヤマを強く張る。特にダブルスではバックへの長いレシーブが高い確率で来るので、それにヤマを張る。もちろん、フォアに流すようなレシーブもしてくるけれど、それはお互いが読み合う部分だ。

東京五輪で金メダルを狙う伊藤美誠とのダブルス。伊藤は変幻自在のプレーを見せるので、
経験を重ねて、彼女のプレーに対応できないといけない

11-3

伊藤美誠に見る怪物の行動と心理。

混合ダブルスのパートナーはこんな怪物だ

私は混合ダブルスでは伊藤美誠の言うことに従うことが多い。ワールドツアーの混合ダブルスでは時々弱いペアと対戦することがある。私は相手が弱いと思うと、事前に対策練習はしないが、美誠はどんな弱い相手でも入念に準備をする。私は相手をなめているわけではないけれど、相手が強いペアでないとわかったらその先を見据えた練習をしている。

ところが美誠はどんな相手に対してもスキを見せない。彼女は誰よりも早く会場に来て準備をしている。美誠のようなメンタルを持っている選手は少ない。

私と美誠では技術的に違う部分が多い。技も考え方も違う。たとえば許昕のサービスに対して、ボールの捉え方が間違っていることもあるけど、私はあえて言わない。そういうことは他人から言われるのではなく、自ら経験して気づくことが重要だと思っている。

もちろん私のアドバイスで彼女の気分を害することがあってはいけない。混合ダブルスではあまりお互いが言い合うことはない。試合中に「この場合ではこういうサービスがいいよ」と言うことはあるが、技術的にいろいろ言い合うことは混合ダブルスにおいてはあまり良くないと思っている。私も彼女も自分の考えがあり、自分のことで他人に何かを決められるのは嫌な性格なので、最後の決定は自分が下したいと考えている。

彼女の卓球には女子選手らしくない「怖さ」がある。たとえば女子選手は、男子が出す回転量の多いYGサービスや、回転をかけたドライブを送ると、対応できないことが多い。美誠はそういうボールを出された時でも的確に対応できるのだ。

混合ダブルスでは美誠にはロングサービスの指示や、レシーブでこうしてほしいという指示を出す。それは美誠の技術力があるからできる。普通の選手であれば、こうしてほしいと言うとミスも出てきてしまうが、それを技術とメンタルでカバーできるのが彼女の強みだろう。

美誠の強さは引き出しの多さである。サービスにしてもレシーブにしても、いろいろなことができる。常に相手の予測を超えるようなプレーができる。

彼女にはオリンピックと世界選手権とワールドカップでの優勝を達成してほしい。

11-4

自分の気持ち良いプレーをやることが、イコール試合で勝てることではない。

自分がやりやすくなった、強くなったと思っているのに、試合で勝てないことがある

私は小学生で卓球を始めて、中学2年でドイツに行くまでは木材のみの合板ラケットを使っていた。当時は用具のことをあまり深く考えておらず、使いやすいラケットではあったが、ドイツに行ってからコーチのマリオに「おもちゃみたいなラケットはやめて、もっと攻撃に威力の出る用具にしなさい」とアドバイスされ、ラケットを変えることになった。つまり、自分の使いやすい用具とコーチから見る適正な用具は食い違うこともある。

たとえば同級生の松平賢二は青森山田で一緒に卓球をやっている時に、周りが威力を出すためにアリレートやカーボンなどの特殊素材系のラケットを使っているのに、自分だけは木材合板の打球感にこだわっていた。試してみても自分に合わないと言っていたが、試合で勝つことを考えたら思い切ってラケットに自分を合わせていくことも必要だろう。

森薗政崇と言えばチキータが代名詞だが、
チキータ以外のレシーブを習得することでプレーの幅も広がる

トップ選手がバック面に軟らかいラバーを使うのも、コントロールはしやすいけれど、勝つためには適切な選択ではないだろう。自分がやりやすいという理由だけで用具を選ぶのは間違いで、試合で勝ちたいなら、扱いは難しいけれど使いこなしたら試合で勝てるという用具を選ぶべきだ。

技術で言えば松平健太のしゃがみ込みサービスもひとつの例だが、相手に対して効果があるのに、最近は他のサービスが主体になっている。

森薗政崇は以前はレシーブはチキータしかしなかったが、最近ようやく他のレシーブからも試合ができるようになった。いくらその技が得意だとしても、ひとつの技だけに固執するのは良くない。得意な技術だけでなく、伸びしろのある他の技術に練習時間を使ったほうが良い。実際に彼と練習をやると、チキータをやってからのメニューが多い。試合でチキータを使いたいからそういう練習をするのだが、実際の試合では相手は森薗に得意なチキータをさせないようなサービスを出してくる。だから、チキータができない時にどう打開していくのかという練習に時間を割くべきなのだ。

フォアハンド主体のプレースタイルの選手が、バックを取り入れた練習を始めて試合で勝てなくなるケースはあるだろう。練習もフォアハンド主体よりはバックを取り入れたほうが楽になる。しかし、試合ではその選手はフォアハンドで攻めたほうが得点できるのかもしれない。

逆に、打球点の早いバックハンドの攻守が得意な選手が、一生懸命フットワーク練習をして、試合でもバックではなくフォアで動くようになって試合で勝てなくなることもあるだろう。

つまり、まず自分の得意技術は何か、得点源は何かを考える。試合では最大限にそれを生かさなければいけないが、一方で相手はできるだけその得意技術を使わせないように戦ってくるわけだから、自分の得意技術を封じられた時の戦い方を身につける必要がある。

ところが、得意技術と違うことをやりすぎて、自分の得点源が消えていくこともある。卓球というのは、これらのバランスがとても重要であり、その調整が難しいのである。

他の例では、ある時期、ドイツで一緒に練習していた村守実さんがいた。ドイツに行ってからフォア面の表ソフト（ペン）を裏ソフトに変えた。本人は表ソフトで限界を感じていたので、本人の希望かもしれないし、コーチのマリオに変えさせられたのかもしれない。裏ソフトにすればラリーも楽しいし、ラリーも続くだろう。しかし、イコール試合で勝てるわけではない。

村松雄斗は両面裏ソフトのカットマンだったが、その後、バック面を粒高に変えたり、表ソフトに変えたりしていた。しかし、個人的には裏ソフトでやっている時が一番強かったと感じる。自分がやりやすい、自分の気持ち良いプレーをやることが、イコール試合で勝てることではない。それは卓球が対人競技だからだ。

私自身の例で言えば、もともとサービスに自信があり、ある時期、チキータをされないように下回転や横下回転を思い切り切って出していた。それでもチキータをされるのに、そのサービスにこだわりすぎてチキータのうまい張継科、オフチャロフに勝てない時期もあった。

右利きに対してはフォア前に横下回転のサービスを出すのがメインで、同じ回転を右利きのバック前には出していなかった。バック前に出すとコースの待ちが難しく、3球目が攻めにくいからだ。しかし、実際にはバック前に出してからのほうが得点できた。バック前にサービスを出すと「どうぞ、チキータをやってください」というコースだが、意外とチキータはされない。だから、あまり固定観念を持たずに、いろいろ試すことが必要である。

チキータも邱建新コーチに何度も言われて試したけれども、完全にはマスターできなかった。途中からは、もっと伸びしろのある技術やレシーブに時間を費やすほうが合理的だと考えたからだ。練習でできたとしても、それを試合の大事な場面で使えるようになるまでは何年もかかる。大舞台の大事な場面で何をやるのかが一番重要で、私にとってそれはチキータではなかった。

11-5

ベンチコーチはすべての得失点を記憶しなさい。

選手とベンチコーチでは同じ試合でも見えているものが違う

自分がベンチでアドバイスをするとしたらどのようにアドバイスするだろうか。まず、ベンチに入っているコーチは戦っている選手の得点パターンと失点パターンを記憶することが大事だ。ベンチコーチはすべての得失点を覚えていなければ指導者として失格だ。私が2020年1月の全日本選手権でチームメイトの大島祐哉のベンチコーチに入った時には、得失点を全部記憶した。それはベンチに入る者として当然の仕事だ。どのように11点の得点をしたのか、どのように11点の失点をしたのかを全部記憶する。

それはベンチコーチとしての最低限の仕事で、選手とベンチコーチでは同じ試合でも見えているものが違う。選手は至近距離で相手と対峙《たいじ》しているので、「このサービスはチキータできないよ」と思っても、ベンチコーチが「それはできる、やりなさい」と言うこともある。ベンチコー

2020年1月の全日本選手権でチームメイトの大島祐哉のベンチに入った筆者

チは「それをやらないと勝てないぞ」と選手に言わなければいけないこともある。

だから世界のトップ選手はベンチにそれなりの実力者が入らないと難しい。その体験や技術、戦術を共有できて、背中を押してくれるコーチは相当の実力者でないと務まらない。

ベンチコーチが一番やってはいけないのは、保険をかけるアドバイスだ。「相手はフォアもうまいが、バックに気をつけろ」などという保険をかけたアドバイスでは、選手は何をしたら良いかわからなくなる。「これでいこう、これをやれ」と言ってもらえば選手は腹をくくってプレーできるが、「これをやろう、でも、こっちもいいぞ、でも、でも……」と言われると、「じゃ、どれをやるんだよ」と思ってしまい、プレーに迷いが出てしまう。

11-6

日本の女子はマンツーマン指導を選ぶ。

今の日本の女子のほうが男子よりも強くなりたいという気持ちが強いのではないか

技術、戦術で私を一番指導してくれたのは邱建新コーチである。指導の内容が具体的で毎日練習メニューが違う。2013年秋にコーチ契約して、翌年1月の全日本選手権では3年ぶりに優勝した。

邱建新さんの指導はリオ五輪まで続いたが、お互いに心身ともに疲弊してしまったために邱さんからの指導にひと区切りをつけた。それだけ練習も指導も厳しかったので、継続して続けることも難しかった。

男子のトップ選手はコーチに依存しないが、女子のトップ選手はマンツーマンでの指導体制が多い。その理由を考えてみると、男子のトップでも中学・高校時代は嫌というほど束縛《そくばく》されながら厳しい練習に耐えている。男子はそういう束縛から解放されたい気持ちがあるために、大学、社会人、日本代表クラスになってもあまりコーチに依存しない。私のように覚悟を持って自らコーチを雇うというのは日本男子では前例がなかった。

現在、日本は女子のトップ選手のほうが覚悟を持って、強くなりたいという選手が多く、意識も男子より高いと思う。単純に卓球が強くなりたい、良い指導を受けたいと思うのは、男子でも女子でも同じはずだが、男子では張本智和以外、どの選手も世界で勝ちたいという意識が低いように思う。

中国を見ても、他の競技を見ても、男子にも専任コーチがついているケースが多いが、卓球の日本男子がコーチをつけないで強くなろうとしているのは残念だ。母体の指導者はマンツーマンで指導してくれるわけではないし、世界を狙うという意識を持っているコーチも日本には少ない。

日本の女子のトップ選手のように、マンツーマンで選手を鍛えるコーチがいるのは理想的だ。日本では女子の4選手(伊藤美誠・石川佳純・平野美宇・早田ひな)や、男子の張本がマンツーマンでコーチの指導を受けているからこそ、世界の上位で戦えるのではないか。

11-7

卓球の回転の素晴らしさと奥深さ。

卓球は地球上、最も多彩な回転を操るスポーツだ

卓球は回転の要素が重要であり、卓球が面白いと思うのは、ボールの回転の物理的、感覚的な特性があるからだ。複雑な回転が混じり合ったボールをうまく返球できた時が面白い。「この回転はこっちに飛んでいくんだ」「この角度を出せば、こうやって返っていくんだ」という回転の仕組みを理解しなくてはならないが、同時に回転の発見があると面白さを感じる。

私自身は回転の仕組みと面白さは、高校1年でドイツで練習をやっている頃に何となくわかってきた。それまでは先にドイツに行っていた坂本竜介さんや岸川聖也さんが、回転の理解に優れていて、それを見ていた。「あの回転に対しては、ボールのここをこう捉えればいいのか」というのを見て学び、それを自分でも実践していくことで覚えていった。だから、最初から才能として回転を理解できていたわけではない。

卓球を26年間続けていて、今でもまだ回転のことは完璧にわかっているわけではなく、日々回転の仕組みを解明し、返球を改良していこうとしている。それほど卓球の回転というのは深いものなのだ。しかもセルロイドボールからプラスチックボールに変わったことで、回転は違ったものになり、同じプラスチックボールでも現在のボールは以前より硬くなっているので、ボールの回転のかけ方そのものが以前とは違うものになっている。

たとえばニッタク製のボールはとても硬い。ラバーに食い込んでくれないので、ラバーとボールの接触時間も短くなり、自分で回転をかけづらい。そうなると用具を変えて失った回転を取り戻そうとする。軟らかいボールならばラバーに食い込んで、強烈な回転をかけると相手コートで変化してくれる。ところが硬いプラスチックボールに変わると、ナチュラルな回転の変化がなくなり、ループドライブが相手にとってチャンスボールになったりする。ボールとともに、時代とともに用具を変え、戦法も変えなければいけない。

今のプラスチックボールはラリーになりやすい。相手に良い体勢で打たせないように、なるべく台について、相手を揺さぶってから自分が決めていく戦い方をしなくてはいけない。

11-8

回転と友だちになるには練習するしかない。

強いボールを打とうと思って腕に力を入れても強いボールは打てない

ボールの回転を制御するためには、正直に言えば練習するしかない。練習すれば、回転を操る、回転を殺す技術は習得できる。

たとえば1週間練習を休んだとして、最初の練習で一番できない技術はストップである。回転の要素が大きいサービスやレシーブという練習で培《つちか》った技術はやらないとすぐに忘れてしまう。才能があるから、私は小さい頃からストップができたわけではない。回転と友だちになるには練習するしかないのだ。

台上技術で回転を操るのがうまい人には共通点がある。ボールに体を寄せながら、腕が伸び切った状態ではなく、腕の使い方に余裕を持って打球できることだ。体や腕の使い方が硬いままでは、いくら練習してもボールタッチは良くならない。まずは体や腕をほぐして柔らかくして練

台上技術のコツはボールに体を寄せて、腕の使い方に余裕を持ち、
柔らかいボールタッチで打球すること

習していけば柔らかいタッチは習得できる。強くなってからほぐすのは大変だけれど、小さい頃にほぐしておいて、柔らかくしておけば、大人になってから苦労する必要はない。

特にストップやフリックの時には力を抜かないといけないし、ドライブやサービスでもいったん力を抜いてから力を入れる。たとえば強いボールを打とうと思って腕に10割の力を入れても強いボールは打てない。腕には7、8割の力を入れて、腰や下半身にも同じように7、8割の力を入れるように意識すると強いボールが打てる。

卓球の場合はフォアハンドで踏み込んで打った時、後ろから前への移動で体重をかける時が一番強いボールが打てる。常にそういう体勢で打つことが理想だ。

11-9

中国選手は本当にスーパーマンなのか。

なぜ彼らは勝ち続けるのか。競争の激しい中国を勝ち抜く意志と覚悟

中国選手は他の国の選手と何が違うのか。かつて劉国梁・前中国男子監督が「水谷が中国にいたら世界チャンピオンになっていた」と語っていたという話を間接的に聞いたことがある。中国ナショナルチームの練習のイメージは、わかりやすく言えば、かつての青森山田の緊張感のある練習をずっとやっていて、そこに優秀なコーチがついているという環境だ。

日本のナショナルチームもかつての青森山田のような練習をやればもっと強くなる。青森山田でやっている時には他のチームの選手には負ける気がしなかった。負けるとしたら同じ青森山田の選手だけだった。今の中国がそのような状態だろう。

競争の激しい中国チームの中でも、トップに行く選手というのは「他の選手には絶対負けない」という強い意志があり、覚悟が違う。トップに行けない選手は負けそうになると諦めてしま

2008年超級リーグでチームメイトだった馬琳。五輪金メダリストになった直後、
徹底した自己中の練習を目の前で見た

う。「まあ、次頑張ればいいや」くらいの気持ちだけれど、強い選手は「ここで負けたらオレの卓球は終わり」くらいの気持ちで卓球をやっている。

中国の代表選手は人間として持っているもののすべてをぶつけて、絶対試合で勝つんだという強い意志を持っていて、それを毎試合ぶつけてくる。その積み重ねで力をつけていくし、凡ミスも減っていくことで、選手としての成長と進化が促進され、国家チームの中で差がついていくのだろう。

2008年に超級リーグに参戦した時には馬琳と同じチームになったけれど、彼は徹底して自己中《じこちゅう》だった。彼は超級リーグのチーム練習では集合時間には平然と遅れてくるし、練習になると誰かを捕まえて自分の練習しかしない。善悪は別にして、自分のエゴを通せる選手がチャンピオンになっていく。

すべてが「自分の練習なんだ」と考えて、実行できる選手が世界チャンピオンになれるのだろう。私自身が完全にエゴを通せるかと言えば、私はできない。私はわがままとも言われるが、自分の中では相当相手に気を遣っていると思っている。日本では、自分のエゴを通そうとすると、その場は良くても「あいつとは練習したくない」と言われるようになり、練習は続けられないだろう。

一方中国選手と言えども、世界チャンピオンと言えども、ジュニアの頃には勝てなくて、試合で負けて泣いたり、コーチに慰められたり、必ず伸び悩む時期がある。みんながそういう経験をしている。王励勤、馬琳、馬龍、張継科もみんなそういう苦しい時期を経ている。試合で負けることの悔しさ、惨めさを思い知る時期がある。

私自身もブンデスリーガで『ボルシア・デュッセルドルフ』に所属していた時は、補欠で試合に出られなかったこともあった。国際大会で実績を残していたのに、試合で使ってくれない。そういう経験も自分にはプラスになった。

中国のトップ選手は国家チーム内でも激しい競争を繰り返し、超級リーグのチームでもエース以外の選手たちはしのぎを削る。そういう競争の中で勝ち残っていく選手だけが中国代表として試合に出てくる。中国選手は高い技術力だけでなく、プロ選手として競争を勝ち抜いた自信と、負けたらチャンスは来ないという崖っぷちの覚悟の中で戦っているのだ。

11-10

私がコーチを受けた指導者。

今福コーチには基礎を作ってもらい、
マリオは全面的な切り替え練習を教えてくれた

現役を引退しても、私が指導者の道を歩むことはないだろう。それは自分しかできないことをやりたいという気持ちが強いからだ。指導者は私でなくてもできる。「世界で勝つこと」がいかに過酷なことなのかを知っているだけに、そういう選手を育てる自信がないし、指導者として生活をする自信もない。

中国ではトップ選手が引退した後、そのまま指導者になるケースが多い。それは選手以上のステイタス（地位の高さ）や待遇があるからで、中国以外の国、たとえば日本でも指導者のステイタスは高くないし、待遇も良くない。そういう環境が改善されないとあまりやる価値を見い出せない。

もちろん、選手が強くなるためには良い指導者が必要だ。今まで私が影響を受けた指導者は、まずヤマハクラブの今福護さん。小学校2年生から中学2年生まで指導を受けた。今福さんを相手に、自分が全面で動く。そういう全面練習を延々と2時間くらいやる。練習場にスリースター球が10球しかなくて、自分がミスをするとそれを走って拾いに行く。今福さんには週2回から4回くらい教わっていた。今福さんは普段は優しい人だが、練習は厳しかった。

小学生時代は練習量も多かったし、相手は元日本リーガーの今福さんだから、中身の濃い練習だった。打球フォームなどは教わった記憶はない。今のようにインターネットもない時代で、情報は「卓球レポート」で入手する時代だった。

ふたり目の指導者はマリオ・アミズィッチだった。青森山田中に転校すると同時に、ドイツに卓球留学しているので、中学2年からはマリオがコーチだ。マリオの教えてくれた練習は、それまでの自分の経験とは全く違うものだった。ドイツに行く前も青森山田で日本代表のジュニア合宿をマリオがやっていて、私も参加していたが、本格的にマリオの練習と指導を受けたのはドイツのデュッセルドルフでだった。中学生だった私は、その時にマリオが世界的にどれだけすごい指導者かというのは知らなかった。彼は、練習の時でも細かく注意してくるタイプだった。

マリオは練習中にほめてくれる。それまでは、あまりほめられた経験がなかった。マリオは、「おまえは才能がある、センスがある」といつも言ってくれた。練習メニューの決め方も衝撃的だった。それまでの練習というのは、いつも同じメニューだったけれど、マリオの練習はフットワークよりも、フォアとバックの切り替えの練習が多く、実戦的な練習メニューも多かった。た

中学2年でドイツに渡り、マリオ・アミズィッチから指導を受けた。
それまであまりほめられた経験のない筆者に「お前はセンスがある」とほめてくれた

とえばミドルも入れた全面的な切り替え練習。バック→ミドル→バック→フォアなどの切り替えの規則練習に始まり、だんだんと全面的な不規則練習を取り入れていった。

私がマリオに常に言われたのは「台から下がるな」ということで、後ろにフェンスを置かれた。ドイツでは中学生の自分はパワーがないから、強く打っても相手にすぐ打たれる。それを返そうとしてしかたなく台から下がってしまう。もちろんプレーも消極的だった。強く打たれたとしても、少し下がればそのボールを取れるから、下がってラリー戦になり、マリオに注意された。

また、ブロック練習の時にただ当てるのではなく、自分の練習だと思って、少しでも強くブロックしたり、回転をかけ返すようなブロックをするようにいつも注意された。

マリオは時代の最先端の卓球を教えてくれた。当時はバックハンドで攻撃的に攻めるというプレースタイルはあまりいない時代だったが、マリオはバックハンドで早い打球点で攻めるようにアドバイスしてくれた。

ドイツで5年間プレーしたので、彼のコーチングは5年間受けたことになる。後半は少しずつ英語がしゃべれるようになり、コミュニケーションも取れるようになっていったが、逆にマンネリ化していった。選手というのはひとりのコーチと長く一緒にやるのは難しいのかもしれない。自分のことは理解してもらえるけれど、練習などがマンネリになり、刺激がなくなってしまうからだ。

11-11

3人の指導者が「卓球選手・水谷隼」を作ってくれた。

吉田先生は、天才と言われていた自分に「努力」というものを教えてくれた

3人目の指導者は青森山田の吉田安夫先生だった。

青森山田での吉田先生との練習はとにかくきつかった。単純に、ドイツから日本に帰ってくると練習量が倍になる。吉田先生から具体的なアドバイスや指導を受けた記憶はないけれど、練習場での緊張感はすごかった。吉田先生自身が怖かったこともあり、練習場での緊張感の高さは、それまでもその後も経験したことがない。私自身はあまり緊張はしていないけれど、練習相手がものすごい緊張感でやっているために、それが自分にも伝わってきた。今福さん、マリオ、そして吉田先生、3人の指導者が「卓球選手・水谷隼」を作ってくれた。

今福さんが一番長く教えてくれて基礎を作ってくれた人で、今も連絡を取っている。マリオは新しい卓球の世界を見せてくれた人。卓球で強くなるための道と、その可能性を示してくれた。

吉田安夫先生は筆者に才能よりも大切なものを教えてくれた

私の持っていた才能を開花させてくれた人だと思う。

　吉田先生は、天才と言われていた私に「努力」というものを教えてくれた。いくら才能があっても、練習をしなくては試合は勝てない。青森山田では練習を休めない。故障しても病気をしても休めない。それが年中だから精神的にも体力的にもストレスがたまる。休みがないために卓球がつまらなくなったこともある。

　ドイツでは週に1日半くらい休みだったのが、青森山田に行ったら、休みなしの練習だった。しかも練習中、絶対ミスをしてはいけないという重圧、ミスをしたら怒られるという緊張感の中でやる。規定練習をずっとやっていると、卓球の楽しみが感じられなくなるから、規定練習では多少流しながらやって、夜の自主練習で楽しみながら卓球をやったりして、バランスを

「友人」のような存在だった明治大時代の高山幸信監督。
身の置きどころのない明治大時代にサポートしてくれた

取っていた。

明治大時代は、高山幸信さんが監督だったが、指導というよりも、私が間違った道に行かないように見守ってくれるような存在だった。私が卓球に専念できるようにたくさんサポートしていただいた。尊敬できる部分も多く、指導者というよりも良き友人だったと思う。

当時すでに私は全日本チャンピオンで、海外にいることが多く、卓球部での自分の身の置きどころがわからない中、高山さんがサポートしてくれた。当時は、青森山田高のほうが世界を目指す意識が高く、大学の卓球部のほうがレベルの低い環境だった。

技術的なアドバイスと言うよりも、精神的な支えになってくれた。悩んだ時でも自分の話や愚痴を聞いてくれた。高山さんがいたから無事に大学時代を過ごし、卒業することもできた

11-12

2013年秋に契約した邱建新コーチ。

大金を払ってでも優秀なコーチに師事しないと五輪のメダルは獲れないと思った

もし私が指導者だったら、いつも選手を驚かせたい。前中国男子監督の劉国梁のように変化球を投げつけるような指導者が面白い。通常とは違った試合ルールでの選考大会なども、選手に刺激を与える。毎日、あの274cmの小さな卓球台を挟んで練習ばかりしていたらマンネリになるし、ワクワクした気持ちを持てなくなる。そこで、ある時はエレベーター方式の試合をするとか、10―10からの試合をするとか、変化がないと選手は飽きてしまうものだ。

「水谷隼が選手・水谷隼を教える」としたら、団体戦の練習試合をすると思う。人に見られて試合をするということは刺激になるし、緊張感が出てくる。日本ではあまりそういう訓練をしない。

中国では大きな大会の前に解放軍（軍隊）に入って降下訓練をするとか、卓球とは全く違った

全日本決勝で2年連続で負けて低迷していた頃、2013年秋から専属コーチになった邱建新コーチ。「世界で勝つため」の指導をしてくれた（写真はリオ五輪でメダルを決めた時）

経験をさせると聞く。そういう刺激は重要だと思う。「バンジージャンプしろ」「滝に打たれる修行をしろ」などと言われたら、ある意味、新鮮である。緊張感の中で耐える訓練は必要であり、間接的にメンタルが刺激を受け、鍛えられると思う。

明治大を卒業した後、2年近くコーチがいなくて、2013年秋に邱建新さんに専任コーチとしての契約を打診した。そこからリオ五輪までは結果も良かった。自分がコーチを求めるタイミングも良かったし、強くなりたいというモチベーションも高かった。

青森山田の時に少しだけ邱さんに指導を受けたことがあった。私が丹羽孝希に全日本決勝で敗れた時（2013年1月）、丹羽のベンチには邱さんが入っていた。負けた後に私のプレーについてアドバイスをもらったら非常に的確だった。彼の自信満々なアドバイスに心が動いた。コーチとしての彼の自信満々なたたずまいが好きだった。コーチが選手にアドバイスする時には自信たっぷりに言わないと選手は信じないものだ。

ひとりでリオ五輪に向かうのは限界があるし、不安もあった。良いコーチがいれば強くなれるという自信は以前からあった。男子では当時、選手が専任コーチにお金を払って、見てもらうという形が日本にはなかった。貯金を全額使ってでも良いコーチに師事したかった。自分の最大限の力を発揮するための投資だった。

それまで私は「自分なりの努力」をしていたが、「自分なりの努力」では世界で勝てない。努力に加えまわりのサポートが必要で、仮に自分のお金を1千万円以上使ったとしても、借金をしてでも必要ならばプロコーチを雇わなければいけない。自分を追い込む環境を作ることで自分を高めていく。あの2013年の時点では、自分がオリンピックでメダルを獲れるという確証もなかった。リオ五輪のメダルを狙うのは難しい目標ではあったけれど、その頃は吉村真晴や丹羽に全日本決勝で負けていて、周りから「世代交代」とも言われたことで悔しい思いが強く、反発もあったので一念発起した。

子ども時代に教わった今福護さん、ジュニア時代のマリオ・アミズィッチと吉田安夫先生、そして世界で戦ううえでは邱建新さんという指導者が「選手・水谷隼」を作ってくれた。

11-13

パイオニアとして道なき道を歩いてきた。

東京五輪で金メダルを獲り、パイオニアとしての歩みにピリオドを打つ

自分がパイオニアとして道なき道を歩いてきたという意識は強く持っている。中学生の時に、ドイツに行く決断をしてからは強く意識するようになった。誰も経験していないことを経験してみたい、未知なる世界を見てみたい。他の人がやっていないことをやるのはワクワクするカッコいい生き方である。一方で先人である松下浩二さんがドイツに挑み、日本卓球協会、タマス、青森山田のサポートがあり、ドイツで卓球に集中できた。彼らが私にチャンスを与えてくれた。歩くのは私自身であっても、荷物を作り、背中を押してくれる人たちがいたことに感謝している。

ロシアリーグでも、優勝を争うチームに入って、日本人が誰も経験したことのないリーグを見たかったし、壁を乗り越えたかった。誰も歩いたことのないところを歩いたから、新たな道ができたと思うし、他人が作った道は歩きたくない。

2020年で31歳になった。卓球をやって26年目。最近は、「卓球が少しわかってきたな」と思い始めてきた。2016年リオ五輪の時でも、心技体智の技以外の部分はある程度つかんだ気がするが、技術の部分はまだまだ未熟だと思っていた。しかし、最近ようやく自分が目指す技術の部分がわかってきた。

今までできなかった技術が少しずつできるようになった。理想のプレースタイルというのは、究極はミスをしないこと、そして自分の思っているところにボールを飛ばせること。自在に両ハンドを振れることだ。弱点がなくなり、自分の目指す完成形に近づいてきた。

2014年1月の全日本選手権の決勝で町飛鳥に勝った時もひとつの完成形だったが、その後にボールがセルロイドからプラスチックに変わったことで、感覚がすべて失われて、ゼロからのスタートになった。

卓球と出合って26年。小学生の時から卓球は難しいスポーツだと感じていたが、長く続けるだろうと思っていた。中学2年の時にドイツに行った瞬間から、卓球で生きていくという覚悟を決めていたし、もう引き返せないと思っていた。

卓球を極めたと思ってもさらに上を目指したいという気持ちはあるし、全日本選手権で勝っても、さらに勝ち続けたいと思ってやってきた。

実際には極めたくても極められなかった。数年前から試合中に目の不調でボールが見えづらくなってからは、卓球を長く続けられないと思った。もし目が良くなるのならば形を変えても卓球は続けていけると思う。私は試合数を減らしても、練習量を落としたとしても、まだ他の日本選手よりはそこそこ勝てると思うが、「自分が勝てるから」とトップに居座ろうとするのは日本にとって良いことではないだろう。

私自身、世界のトップにいることに疲れてきたのかもしれない。日本の中ではボルのように自由に出場する試合を選んだり、自由に代表としてプレーはできない。日本代表としてのいろいろな責任も制限もあるので、その中で節制して生活するのも大変なことである。

26年間やってきた中で、オリンピック、世界選手権でメダルを獲れたし、全日本選手権でもチャンピオンになれた。東京五輪が開催されれば、混合ダブルスでの金メダルはチャンスがあるし、狙いたいと強く思っている。日本卓球界史上初の五輪金メダルを獲り、リオ五輪と含めて、金・銀・銅のメダルを揃えて、卓球界のパイオニアとしての歩みにひとつのピリオドを打ちたいと思っている。

あとがき――『終わりなき戦略』の終わり

本書で私が考えていることの7割を書き出した。残りの3割のうち、半分は卓球界の裏事情、あとの半分は墓場まで持っていく私自身の信念。そういう意味ではほぼ全てを吐露することができた。

世界のトップ選手同士では「あの最終ゲームの10―9でなぜあのサービスを出したんだ」という質問に対し、「それは1ゲーム目の8―8のあのサービスが要因なんだ」というようなディープな会話になる。記憶に新しいのは、リオ五輪団体戦の香港戦で黄鎮廷に勝った試合、最終ゲームの10―8でフォアにロングサービスを出した。その試合で初めて使ったサービスだった。それまでショートサービス中心で、たまにバックへロングサービスを使う程度だった。彼は案の定、チキータの体勢でレシーブをしようとしてフォアへのロングサービスに対してミスをした。フォアにロングサービスを出すことは勇気がいる。ロングサービスはサービスミスをするリスクも高くなり、また相手に強打をされる恐怖もある。オリンピックでは様子を見るようなボールを1本も使えない。つまり戦術と組み立ても「オリンピック仕様」になってしまう。

同じくリオ五輪シングルスのカルデラノ戦ではゲームカウント3―2の6ゲーム目、7―9で相手のバック前にサービスを出して失点し、7―10ではサービスをフォア前に出して甘いレシーブがきたので強打して得点した。その後10―10に追いつき、私はバック前にサーブを出して得点し、最後はフォアへのチキータで相手のミスを誘い勝利した。

誰もが10―10でのサービスは、7―9で失点したバック前ではなく7―10から得点したフォア前に出すと思うだろう。だからこそ私は、カルデラノもバック前だけは絶対に予想していないと確信していたので、10―10の場面でバック前へのサービスを選択した。また11―10でのフォアへのチキータも、その試合で全く打っていなかったので相手が一番警戒してないコースと考えて、そこへ打つことにした。この2本はどちらも私が得意としない技術だが、それ以上に相手の待ちをはずすことが大事だと思った。それが「水谷隼の卓球」の肝だと思う。

執筆2冊目の『負ける人は無駄な練習をする』出版から4年が経った。この4年間、私の卓球の戦術や技術はより進化した。身体さえ動けばまだまだ強くなれるかもしれない。ただし唯一の問題点は忍耐力だ。10年前、私は世界のトップ10に入った。そのポジションを維持し、さらに上を目指すことは、トップ10に入ることの何十倍もつらい。それはまるで山頂でずっと生活しているような苛酷さだ。そんな生活を続けていけばいくほど、苦しくなり息ができなくなる感覚に襲われる。その息が止まる瞬間がそろそろ近づいているとも感じている。

卓球という対人競技の面白さ、楽しさ、奥深さ、勝つためのロジック、勝つためのプロセスをこの一冊に書き記し、皆さんに伝えたかった。それは水谷隼の生き様とも言えるし、「水谷の卓球」の真髄とも言える。それこそが私が卓球界に残したいものだ。

2020年7月　水谷　隼

日本で唯一の書店売り卓球専門月刊誌
豊富な情報と強くなるヒントが満載！

月刊 卓球王国

全国の書店・卓球専門店・スポーツ店で販売中!!

●技術ページ●
基礎テクニックから、世界トッププレーヤーの最新テクニックまで、豊富な連続写真とわかりやすい解説で紹介

●グッズページ●
ラバー、ラケット、ウェア、シューズなどなど、卓球用具についての最新情報や、より深い知識を紹介

●インタビュー・報道ページ●
トップ選手へのインタビュー、オリンピック、世界選手権などの国際大会から地域の大会まで報道

月刊『卓球王国』
800 円（本体 727 円+税）
●毎月 21 日発売
● A4 判 200 ページ前後

卓球王国の書籍

水谷書籍第一弾
チャンピオンが教える勝利の法則

卓球王 水谷隼の 勝利の法則

水谷隼・著

卓球王・水谷隼が、自らの経験をもとに、「試合で勝つための99の約束事」を説いた一冊。

1,700円+税
●A5判 ●ソフトカバー
●208ページ
●ISBN978-4-901638-47-0

卓球王・水谷隼が語る
勝者のメンタリティー

負ける人は 無駄な練習をする

水谷隼・著

チャンピオンにしかわからない次元で、チャンピオンになりたい人へ、勝てる男の思考法を紹介する一冊。

1,500円+税
●A5判 ●ソフトカバー
●208ページ
●ISBN978-4-901638-49-4

卓球王国WEBも充実!! https://world-tt.com

水谷 隼（みずたに・じゅん）

1989年6月9日生まれ、静岡県出身。両親の影響で5歳から卓球をはじめ、天性のボールセンスで早くから注目を集め、全日本選手権バンビ・カブ・ホープスの部で優勝。中学2年時からドイツ・ブンデスリーガに卓球留学してその才能を磨く。

青森山田中・高を経て明治大に進学し、15歳10カ月（史上最年少：当時）で出場した05年世界選手権個人戦では、世界ランキング8位（当時）の荘智淵（チャイニーズタイペイ）を破り、横浜で開催された09年世界選手権個人戦では、岸川聖也とのペアで男子ダブルス銅メダルを獲得した。

全日本選手権では、史上最年少（当時）の17歳7カ月で優勝した06年度（平成18年度）大会から、史上初の男子シングルス5連覇を達成し、18年度（平成30年度）大会では10回目の優勝。これまでにドイツ・ブンデスリーガだけでなく、中国・超級リーグやロシア・プレミアリーグにも参戦した。2018-2019の1stシーズンより木下マイスター東京のエースとして日本のTリーグに参戦している。

10・14年 ITTFワールドツアー・グランドファイナル優勝、世界選手権では団体とダブルスで合計7個のメダルを獲得。16年リオ五輪では男子団体銀メダル、シングルスでは日本卓球史上初の銅メダルを獲得した。

世界ランキング最高位4位（2017年2月）、2020年8月現在17位。

卓球王 水谷隼 終わりなき戦略

2020年9月10日　初版発行

著　者　　水谷　隼

発行者　　今野　昇

発行所　　株式会社卓球王国
〒151-0072　東京都渋谷区幡ヶ谷1-1-1
電話　03-5365-1771
https://world-tt.com

印刷所　　シナノ書籍印刷株式会社

ISBN978-4-901638-58-6